优势谈判心理学

胡志泉◎著

吉林出版集团股份有限公司

图书在版编目（CIP）数据

优势谈判心理学 / 胡志泉著 . —长春：吉林出版集团股份有限公司，2017.10

ISBN 978-7-5581-3648-1

Ⅰ . ①优… Ⅱ . ①胡… Ⅲ . ①谈判学–社会心理学–通俗读物 Ⅳ . ① C912.3-49

中国版本图书馆 CIP 数据核字（2017）第 242957 号

优势谈判心理学

著　　者　胡志泉
策划编辑　宿春礼
责任编辑　齐　琳　史俊南
封面设计　颜　森
开　　本　710mm×1000mm　1/16
字　　数　230 千字
印　　张　14
版　　次　2018 年 3 月第 1 版
印　　次　2019 年 5 月第 2 次印刷

出　　版　吉林出版集团股份有限公司
电　　话　总编办：010-63109269
　　　　　发行部：010-69584388
印　　刷　三河市东兴印刷有限公司

ISBN 978-7-5581-3648-1　　定价：32.00 元
如出现印装质量问题，调换联系电话：010-82865588

前言

PREFACE

提起谈判，很多人觉得那是高层次的活动，诸如国家大事、外交事务、商务活动。其实，日常生活中，谈判无处不在。除了上述事情，还包括我们熟知的职场面试、加薪升迁、生活买卖、人际合作等。可以这样说，人间平凡小事处处都需要谈判。

谈判在表现形式上是彼此用嘴来沟通，但它的本质是一场不折不扣的心理战。

众所周知，为使谈判取得预想的结果，我们必须掌握一些谈判技巧，但这些技巧的使用是有前提的，那就是需要我们掌握对方的谈判心理，挖掘对方需求、看懂对方心思、博得对方信任、把握决策时机等，不懂对方的谈判心理，所谓的谈判技巧就成了无本之木，最终的结果也就可想而知了。

谈判说到底是为了“不战而屈人之兵”，以最小的代价获取最大的利益，一个卓越的谈判人员不仅是一个卓越的口才专家，更是一个懂心理策略的纵横家。

很多人认为，谈判要的是“巧舌如簧”，这其实只是一方面，越来越多的人意识到谈判要想取得效果，必须攻陷对方的心理防线。而要攻陷对方的心理防线，就要深谙人心和人性的需求以及特性，发现对方的心理弱点，继而用精确的语言触碰对方最在乎的点。也就是说，懂得应用心理策略的说话者才是真正卓越的谈判家。

在谈判时，由于我们将心理学的相关知识运用其中，因此，能够很快速地看清谈判对手的内心活动，从而为与对方的心理博弈增加砝码。

生活中处处都是谈判场，我们每个人都是谈判的参与者，因此学习谈判中的心理博弈策略和技巧是必不可少的。

本书以谈判心理为切入点，结合生动真实的案例，从独特的心理学视角，为读者提供优势谈判的指南。无论你的谈判对手是公司老板、同事，还是房产中介、保险经纪人，或者是朋友、生意伙伴，你都能从本书中获取谈判心理学的相关知识，让你受益匪浅。

在现实社会中，你要面临一个又一个谈判场景，只有不断学习谈判技巧、掌握谈判心理、应用谈判技能，你才能成为谈判赢家。

目 录
CONTENTS

第六章 彰显强大气场，震慑对方

第七章 摸透意图，看出对方心理

第八章 谈判交锋，适时运用心理操纵

第九章 实施心理加压，使对方就范

第十章
瞄准人性弱点，有效说服

第一章

谈判就是一场心理博弈

谈判是一场心理的对决

无论什么形式与内容的谈判，都是一场艰巨的心理战。能否察言观色，把握对方的想法，潜移默化地影响其情感因素，充分利用利益引导，都将关系到谈判是否能成功。但是很多人却经不起心理战的考验，潜意识里会出现尽快完成谈判协议的想法，做出退让的决定。

那么，该如何面对这场谈判心理战呢？

1. 慎重选择谈判环境

你一定听过很多由于谈判环境引起心理压力导致谈判失败的案例。对于一些很平常的问题，例如确定谈判是在你的、对方的或中立的地方举行，你应该保持警觉。在对方的地盘或势力范围内谈判，有时候于对方有利，他们比较容易对付你；但有时候又反而对你有利，因为这或许会使对方感到安适，更加乐意接受你的建议，而且一旦有必要，你也很容易离开谈判桌。如果你已经允许对方选择谈判的地点和环境，那么你一定得意识到自己会受何种心理影响，并做好心理准备。

首先要问问自己是不是感到紧张，如果是，应探究一下原因。如果房内太吵，如果温度太高或太低，如果没有可以私下跟己方协商的场所，那么你就要意识到，这是为了促使你让步和迅速做决定而刻意安排的环境。

如果你发现谈判的环境于你不利，切勿犹豫，应尽快说出来。你可以建议调换座位，休息一会儿；或是干脆中止会议，改个时间和地点再谈。在任何情况下，你都要找准问题，并将它提出来，然后根据客观环境和原则，与对方交涉安排新的谈判环境。

2. 警惕“红白脸”的迷惑

在谈判中，本方由一个成员扮演强硬派角色，坚持提出较高的要求，不轻易退让，努力捍卫本方的利益。由另一位成员扮演合作者角色，他在开始时并不马上发表意见，而是保持沉默，既维护好与对手的关系，又不损害本方强硬人物的“面子”。他会善于观察谈判形势的发展变化，适时地参与进来，提出建议或做出某些让步。这也就是谈判中常见到的“红白脸”策略。

我们在与人谈判时，千万别被这种“软硬兼施”的红白脸策略所迷惑，一定要保持清醒的头脑。

3. 谨慎对待对手的人身攻击

除了操纵环境，对方还可以利用语言或非语言的方式使你觉得不舒服。他们可能会对你的衣着或外表评头论足一番：“你看起来好像一夜没睡，是不是办公室里的工作不顺利？”他们可能让你久候，或是中止谈判而去与别人谈事情，以此来贬低你的地位；他们可能暗示你的无知；他们可能故意不听你说话，然后让你重说一遍；他们可能故意不正眼看你……不论在任何情况中，只要能识破对方的伎俩，就能使之失效；而明白地指出其伎俩，则能阻止其“故技重施”。

4. 别被威胁吓住

威胁是谈判中经常使用的伎俩之一，这似乎比提建议容易得多。威胁只需说几句话，如果它起作用的话，就不必当真采取行动了。可是，威胁也会导致对方的反威胁，会扰乱谈判程序，甚至会危及双方关系。

威胁常会通过施加压力来实现。施加压力常常会使结果适得其反。它不会使对方更容易做决定，而会使之更难做决定。威胁会使对方更紧密地团结起来，以抵抗外来的压力。性情温和的人和性格强势的人会手拉手、心连心，一起抵抗企图威胁他们的人。这时，问题就从“我们应该做这项决定吗”转变为“我们应该屈服于外界压力吗”。

高明的谈判者很少使用威胁的办法，因为他们还有其他方法可以传递同样的信息。比如，把对方所作所为将会产生的后果列出来，尤其应该列出那些不受你的意志左右的后果，而不要列出你能施加影响的事项。“警告”比“威胁”更具合法性，并且不会招致对方的威胁。

为了使对方的威胁失效，有时候你可以干扰其传达威胁的过程。你可以故意不理会对方的威胁，只将它视为未经授权的、匆忙说出的或与你不相干的信息。你也可以向对方传达这种威胁面临风险的心理暗示。对付心理战的办法，首先是让自己有良好的心理素质，只有这样，你才能在心理战中节节胜利。

在谈判中，经常会遇到心理战。心理战是以折磨对手的心理，达到“不战而屈人之兵”的目的。通过心理战，使你心里不舒服，从而把你弄垮，使你潜意识里希望尽快完成谈判协议，并由此做出退让。

谈判要具备三维谈判视角

我们来设想一下，你现在向窗外望去，仔细地留意你所能够观察到的景象；然后，再用相机把你看到的景象拍下来。之后，做一个对比，你可以一边看自己肉眼能够看到的景象，一边看照片，观察一下两者有什么不同？

当然了，它们最大的不同，就是照片更为平面，而肉眼看到的更为立体。这种把世界看作三维空间的特殊能力，对我们来说是非常重要的。我们双眼观察到的景物不仅仅只是一个平面，而是更有纵深感、凹凸有致的立体场景。

谈判也是一样的。我们要把谈判放在一个更为立体的三维环境中进行分析、思考，这样才能够有更为广阔的视野。这个三维视野包括你自身的信息、对方的信息、自身和对方所属的集体关系信息、谈判问题的信息、谈判问题的延伸信息，等等。要把这个思考方式带入到谈判中去，你才能获得更好的谈判结果和效果。

有一部叫作《甜心先生》的电影，它塑造了一个由事业高峰进入低谷，再开辟新高峰的男人形象。而这个角色是有现实原型的，他名叫雷·斯坦伯格，是一名体育精英的经纪人。他的“斯坦伯格和穆拉特”公司充当100多名运动员的经纪人，商谈几百万美元的协议。他有着敏锐的市场洞察力，察觉到自己在这个行业的拓展价值，于是代表公司进行吸引人才的各项谈判。

他同时和好几家公司打交道，但是，他打交道的方式与别人有些不同。在他的观念里，谈判存在于生活之中，需要带着明确目标和原则哲学来处理。他说：“目标不是毁掉对方，而是寻找最有利可图的方法来完成对双方皆可行的协议。”他坚持让他的客户不但将他们的谈判和运动生涯看成是对才能的考验，而且看成是对个性的考验。他鼓励客户将自己庞大收入的一部分回赠他们的社区，建立基金或捐给慈善事业。

我们可以从这种谈判方式中看到一种影响力，一种可能长久关系到社会关系的影响力。这就是一种比较全方位的三维谈判。关于这种谈判方向，意大利外交家丹尼尔·瓦雷曾经说过一句话，能很好地揭示谈判的本质——谈判就是让他人为了他们自己的原因按你的方法行事的艺术。

我们可以来看看下面这个案例：

美国女作家巴巴拉写过一本书——《一个真正的女人》，主角埃玛出身贫寒，历尽艰辛最终发迹成为经济舞台上的女强人。埃玛除了有绝对的自信，还有着极高的公关水平，这使她不断取得成功。书中写到一个圣诞节的前夕，埃玛正在自己开的小铺子里，一个富人家的管家杰克逊太太进店采购来了。

埃玛迅速地看了一眼采购单："好，很清楚，杰克逊太太。可是，也许您应该……"埃玛停下来，若有所思地看了一眼女管家，说："我想是否应该增加一些肉制品。您知道的，孩子们很爱吃，今年假期又特别长。说实话，已经有不少人来订购，到周末是否还有剩余很难说。"

"哦！这我真没想到！那好吧，请把我要的数量增加一些。"这时，她的目光落在进口食品上，"天哪，瞧，这么多好东西！"女管家仔细看着土耳其蜜饯盒子和埃玛做得精致的标签：进口专卖，数量有限。

埃玛低着头，假装在看那张单子，对杰克逊太太的惊叫似乎没有听见。实际上她一直在注意这位主顾，暗暗琢磨着她的购货心理。那张标签是她昨晚故意加上去的，而且知道这样更容易引起主顾的注意。

杰克逊太太好像被进口甜食迷住了，终于开口道："这些食品我都不认识，样子挺喜人的。可对我家主人来说，也许太奇特了。"

"您这么认为吗，杰克逊太太？本来我认为，凡是上层人家都挺喜欢这类精致食品。"埃玛巧妙地一转话题，"说起来，我还真后悔货订得太少了。这点东西一抢就空。昨天塔楼区的一个厨娘，一下子就让我给她每样留两份。”她抛出诱饵后，故意又加了一句：“当然了，价格是贵了一些。”

杰克逊太太瞪了埃玛一眼，说：“我家女主人从不担心价格，给我每样留三份。”

埃玛微微一笑。最近，她学会了利用阔人家厨娘和女管家之间互相攀比的心理，增加销量。“好极了，杰克逊太太。我立刻给您留出来。您知道，我对您历来乐意尽力效劳的，杰克逊太太。”

女管家有点飘飘然了：“真高兴您对我另眼相待，哈特太太。现在，您再看我的单子是否全了？”

埃玛装作认真思考的样子：“如果我是您的话，我就再加两桶猪肉罐头，三桶苹果汁。有备无患。”

杰克逊太太看着埃玛，好像她帮了她多大忙似的。“谢谢，哈特太太。您替我想得真周到，自从您在中心街开店后，我省事多了。好了，我该走了。祝你圣诞节快乐，宝贝儿。”

“您简直可以把戈壁滩的沙子也卖掉，埃玛，我从没见过谁这么会推销。好家伙，你把她的订货增加了一倍。”一位顾客即席发表评论说。

“三倍。”埃玛笑了笑。

埃玛的引导是非常巧妙的，从各种角度，比如，孩子们的现实需求、杰克逊太太的虚荣心、消费者的购物心理，等等，进行综合分析，用一种以退为进的方式，看似没有进行说服，实则是很高端的谈判技巧。这就是三维谈判的形式之一。

既然有三维谈判，那么，是否有一维谈判、二维谈判呢？我们可以来了解一下：一维谈判就是我们本身非常熟悉的谈判因素，包括文化的差异性对谈判的影响、谈判过程中的社会关系建立、商务谈判前的报价研究等；二维谈判就是我们从人际过程前进到价值创造的实质，包括“做大蛋糕”的方案等。但是，这两项是否存在不足或者是局限性呢？那就是当谈判双方（甚至多方）在特定的日子“讨价还价”的时候，就预示着谈判模式的初步形成，那就意味着模具已经存在，就谈判者而言，可能会受限制。

三维谈判的优势在于，它能够在谈判桌外预见最有前景的结构和行动，而且付诸行动。他们把最合适的各方带到谈判桌边，以适当的次序谈判适当的问题，在适当的时刻通过适当的方式，直面最佳的替换方案。运用三维法的谈判者不是在谈判的模具中变换姿势，而是重新熔炉，按照自己的想法来改造重塑，这种方向自由性更强，更不受限制。当我们的谈判已经运用了三维视角的时候，就能够时常提醒自己对对方进行关注和了解，能够更灵活地使用互换思考。

其实，这个时候你要做的事情概括地说就是分析研究所有与谈判相关的因素，加以综合性的考虑，然后评估各方利益，选择最佳替代方案。你要对对方的观点、看法、预期结果、利益方向进行判断，然后，他们就会为了自己的需求，选择你提供的思路。那么，这种可持续的价值，我们要怎样尝试创造呢？

第一步：纸上画图。考虑各方面的问题，并将其标注出来。比如，这个谈判能进行的最关键的原因，等等。

第二步：利益评估。清楚考虑彼此最根本的利益，包括短期的与长期的、显性的与隐性的、兼容的与不兼容的，等等。同时，思考无形（如谈判中的感受、对方的信誉、沟通理解的程度等）和有形（如价格、时间和计划书等）的因素。

第三步：最佳替代方案。此路不通彼路通，不要在一个方案上锁死自己，要用更有创造性的角度、更有创意性的思路去思考、分析谈判问题，从而制定可行的谈判策略。

第四步：找到共同利益。也就是解决双方的冲突。就像是两个孩子分橙子，一个孩子要的是橙皮，一个孩子要的是果肉，那么解决方案就是可以将彼此不需要的东西给对方，就可以实现利益最大化了。

谈判不可忽视四大对手

有人称谈判是一场顽强的性格之战。因为在谈判中要接触的对手可能千差万别，无论一个人经验如何丰富，也很难做到万无一失。因此，对于各种不同的谈判对象，可以视其性格的不同而加以调整，采取不同的策略。

1. 强硬的对手

强硬型的谈判对手情绪表现得十分激烈，态度强硬，在谈判中趾高气扬，不习惯也没耐心听对方的解释，总是按着自己的思路，认为自己的条件已经够好的了。尽管这种一厢情愿式的主观认识十分愚蠢可笑，但是他们仍然乐此不疲。

强硬派总是咄咄逼人，不肯示弱。有的也许会什么也不说，有的干脆一口回绝，绝无回旋的余地。强硬派之所以如此强硬，有一点原因不可否认，那就是他们拥有自身的优势，当然也有性格使然。

如果你遇到这样的谈判对手，你最好做好各种心理准备，准备应付各种尴尬场面，耐心地、理直气壮地提出你的理由。

2. 坦率的对手

坦率型的谈判对手的性格使得他们能直接向对方表示出真挚、热烈的情绪。他们十分自信地步入谈判大厅，不断地发表见解。他们总是兴致勃勃地进行谈判，乐于以这种态度取得经济利益。在磋商阶段，他们能迅速把谈判引向实质阶段。他们十分赞赏那些精于讨价还价，为取得经济利益而施展手法的人。他们自己擅长使用策略去谋得利益，同时希望别人也具有这种才能。

与他们打交道的最好办法，是在谈判之前进行摸底，在谈判中率先阐明自己的立场，提出对方没想到的细节。

3. 攻击性强的对手

遇到攻击型的谈判对手，最好避其锋芒，击其要害。攻击型的谈判对手有别于强硬型的谈判对手。强硬型的谈判对手有时仅仅采取防御姿态坚持自己的原则立场，而攻击型的谈判对手却是有目的、有针对性地向你进攻，迫使你屈服，不给你反抗的余地。

攻击型的谈判对手往往能寻找到一些理由加以攻击，并不是无中生有，因此，如何面对攻击型的对手就成了个难题。

对付这类人，你必须注意的一点就是：切莫惊慌，惊慌往往自乱阵脚；也不要过于愤怒，过于愤怒会没有分寸。自乱阵脚而失去分寸，必败无疑。

4. 搭档型的对手

搭档型的谈判对手或隐或显，虚实相间，令人防不胜防。

搭档型的谈判对手表现是：当谈判开始时，对方只派一些低层人员作为主谈手。等到谈判进入到快要达成协议的阶段时，真正的主谈手突然插进来，表示刚才的己方人员无权做主决定，或是刚才的价格过低，或是时间不能保证。

当你表示失望或觉得一切都完了的时候，对方会说："如果你确实急需，我也可以卖给你，但至少在价格上要做些调整……"此时你往往无可奈何。因为谈判进行到这个时候，你已完全摊开了底牌，对方已掌握了你谈判的一切秘密，如果你想达成协议，除了做出让步，别无他法。

当然，谈判必须是在有准备的情况下进行。谈判之初，你必须了解对手是否有权在协议书上签字，如果他表示决定权在上司那里，你应坚决拒绝谈判。还有，既然对手派的是下层人员与你谈判，你也不妨让下属人员去谈判或由别人代替你去谈判，待草签协议之后，你再直接与对方掌权之人谈判。这样，你将获得较大的转换空间，不至于到关键时刻被别人牵着鼻子走。

不同性别对谈判有微妙的影响

《实验社会心理学》杂志发表的一篇论文指出，男性不惜一切代价求胜的意愿似乎比女性更强烈，哪怕在这一过程中要放弃道德标准。论文作者、加州大学伯克利分校的克蕾和威斯康星大学密尔沃基分校的海斯霍恩发现，男性在给自己的行为寻找道德理由时比女性更实际，在应用道德标准时更通融，更容易在道德上表现得伪善。

论文的作者认为，男性认为谈判的输赢关乎他们的男子气概，这种尊严性质的威胁让他们更具有攻击性。海斯霍恩说，男性更多地认为道德和工具是等同的，他还认为，和女性相比，男性更倾向于将不道德行为的潜在后果最小化，使得这些事有看上去合理的理由。例如，一名销售立体声音响的销售员向潜在的客户撒谎说还可以有其他价格。当男性处于销售人员的位置时，他们更倾向于支持说谎，当他们被告知其他实验者是销售员的时候，则不赞成说谎。女性则认为这种行为不道德，无论她们扮演的是哪种角色。

从这个实验中，我们可以看到，不同的性别对谈判存在着微妙的影响。这和男性与女性的价值观、心理、习惯等有很大的联系。

比如，一个人通过了一轮面试，面试经过的艰难和可能带来的未来利益都很大。这个时候，这个人会做何反应？

其实，男性和女性对这件事的反应会有差别。

在薪水能够达到这个人认为的合理程度时，如果这个面试者是男性，他很可能对将来获取的薪水进行商讨。而如果这个面试者是女性，她很可能会选择接受公司所提供的数额。

从这个结果我们可以看出，在争取和维护自身利益的立场上，男性比女性更为积极。也就是说，男性比女性使用谈判手段的可能性要大得多。也就是说，谈判中的性别差异很快就能在薪酬和晋升方面转化为明显的不平等，以及公司员工流动的高昂代价。

这一节，我们以男性和女性在工作谈判上的差异，来探讨性别差异在谈判沟通过程中的问题。

就男性和女性针对薪资谈判这一点的不同反应，我们可以来做一个分析。

比如，有两个人同时获得了一份年薪10万美元的工作机会，其中一个是男性，一个是女性。通过谈判，男性获得了11.1万美元的年薪，女性则接受了公司提供的薪资待遇。而此后的时间里，两个人都是以3%的比例加薪。当两个人都在65岁的时候退休，两个人的年薪会有巨大的差异——30953美元。

回避谈判，女性牺牲的还不仅仅是金钱。她们还会牺牲别人对自己的关注度、培训机会，以及职业成长机会。

我们不谈论这是否公平，就现实而言，男性积极地投入到分配重要项目、工作机会，他们就有可能逐渐填满公司的重要岗位，而那些能力相当甚至是超群的女性就很有可能被忽视。问题严重的话，可能会造成优秀员工的流失，而这种代价是昂贵的。就公司本身而言，他们是不希望自己培养的人才流失过多过快的，因为这样的成本过高。通用磨坊公司主席史蒂夫·桑格认为，员工流动的代价确实很高。“如果我们在招聘和培养优秀人才方面进行了投入，那么，我们就希望他们能留下来。”平均而言，取代一名小时工可让组织花费其年薪的50%，而取代一位专业人员的花费则会高达其年薪的150%。为什么会这么高呢？将遴选和招聘的费用、从事招聘工作的员工的机会成本，以及直到新晋的员工在达到工作要求之前损失的生产力加在一起，会是很大一笔钱。

就面对现状显得稍微柔和的女性来说，我们有这样几点谈判建议：

假设你工作生涯中的一切都是可谈判的；

对自己想要的目标更加的积极主动；

不要害怕自己夸大的负面影响；

……

一些研究表明，女性比男性更倾向于以开放、随意的方式获得信息。她们对人际关系更为敏感，其道德标准更侧重于对别人的关心，而不太注重规则及个人的权利。但同样的资料也表明，男性与女性中都有相当大的一部分人不这么做。这种交流风格不是定性的，而是可变的。我们在此处探讨的只是一种普遍的倾向，而非绝对。所以，根据这种差异，我们可以以此为参考来制定相关的谈判策略，但这仅作为参考。

如何在4分钟内建立好印象

请先来想这样一个问题：你对一个初次见面的人形成第一印象，大约需要多长时间呢？

谈话一小时，接触一天，还是认识一个月？根据心理学家的研究，答案是：只需4分钟。心理学家认为，见面的前6秒钟可以让对方形成“喜欢还是讨厌”的大体上的印象，而真正形成清晰、完整的第一印象需要的时间大约是4分钟。4分钟是非常短暂的，如果不能在4分钟内展现自己的最大魅力，那你将无法改变别人对你的已经固定的第一印象。

例如，就谈判人员而言，如果不能在4分钟内让首次接触的客户对你产生好感，之后你将付出数倍的努力，甚至可能再怎么努力，都无法改变对方对你的印象了。

心理学家指出，如此具有决定性的第一印象，其产生往往取决于三大经典效应。

1. 首因效应

在实际与人交往或沟通的过程中，你是否经常会说或者会听到这样的话：

“从第一次见到他，我就喜欢上了他。”

“我永远都不会忘记他留给我的第一印象。”

“我不喜欢他，从第一次见面我就觉得他不老实。”

“我买你的东西是因为我一看你就是一个实在人，让人一眼就很信任。”

……

为什么人们总是习惯凭借第一印象做决定？因为心理学中的首因效应在起作用。我们在谈判中应善用首因效应，在第一次见面时就给对方留下好印象。

那么，何为首因效应？在心理学中，首因效应也叫作“第一印象效应”，是指最初接触到的信息所形成的印象对人们以后的行为活动及评价产生的影响。通常，一个人在初次接触时给对方留下的印象非常深刻，所以，人们会不自觉地依据第一印象对某人或某物进行评价，而之后打交道则是用来验证第一印象。也就是说，第一印象既可以帮助某人或某事取得成功，也可以令某人某事失败。那么，在与人初次见面的时候，你就应该对自己的仪容仪表及言谈举止都十分注意。

2. 晕轮效应

人们常说，“情人眼里出西施”。为什么看自己喜欢的人，怎么看都觉得舒服，怎么看都觉得好？

心理学的晕轮效应可以给出解释。晕轮效应是指人们看问题时像日晕一样，由一个中心点逐步向外扩散成越来越大的圆圈，是一种在“突出特征”这一晕轮或光环的影响下产生的以点带面、以偏概全的社会心理效应。它实际上是个人主观推断的泛化和扩张的结果。在光环效应状态下，一个人的优点或缺点一旦变为光圈被扩大，其相对应的缺点或优点也就隐退到光的背后被别人视而不见了。

在谈判中，谈判人员要善于运用晕轮效应，在见面前4分钟抓住客户最喜欢的一点去发挥，去暗示客户，让客户对你产生喜爱和信任的感情，成交也就会更加容易。

3. 刻板效应

一提起“同性恋”这三个字，你会有什么感觉？对大多数人来说，这能唤起他们丰富的想象，甚至有可能预测这类人在假定情境中将如何行事。这种联系的存在表明我们可能受到偏见的影响，但是偏见源于何处呢？

心理学家研究发现，偏见的认知来源是刻板印象，也就是刻板效应。它指的是人们对某一类人或事物产生的比较固定、概括而笼统的看法，是我们在认识他人时经常出现的一种相当普遍的现象。我们经常听人说的“长沙妹子不可交，面如桃花心似刀”，东北姑娘“宁可饿着，也要靓着”等，实际上都是刻板印象。在具体谈判过程中，我们应尽量避免对方的刻板印象可能为自己带来的不好的影响。你应在见面前做好充分的准备，注意自己的形象，关注自己的言行举止，提前做好相应的应酬安排等。

奠定成功谈判基础的原则

有人认为，谈判的成功与否完全取决于谈判个人综合水平的发挥和技巧的运用，没有什么必须遵循的原则可言。也有人认为，只要谈判能够达到自己预想的目的，可以不择手段，更谈不上什么原则不原则的。

这些看法显然是偏激的，谈判是有原则可循的。一般地说，谈判应遵循下列基本原则。

1. 客观性原则

谈判的客观性原则就是要求谈判者尊重客观事实，服从客观真理，而不是仅凭自己的意志、感情主观行事，克服主观成分的干扰，坚持客观性原则是谈判双方都必须遵循的。坚持谈判的客观性原则必须做到以下几点。

第一，站在公正的立场上客观地分析材料，如实地揭示事物的真相。谈判者由于立场各异，利益相关，对同一件事往往产生不同甚至对立的看法。谈判者眼里的世界总带着主观色彩，这种主观介入往往是掩盖事实真相、阻碍谈判顺利进行的最大障碍。

第二，全面搜集信息材料，要求谈判前既要明白自己的需要、实力、条件，同时也要调查对手的历史和现状、实力和信誉、立场和需要、文化和习俗等。要求在谈判中注意倾听对方的言论、观察对方的举止行为，从中发现和寻找所包含的信息。

第三，寻求客观性标准作为谈判协议的基础。所谓客观性标准是指社会公认的、不以谈判者好恶为转移的标准，像法律规定、公认惯例、谈判的先决条件、科学的数据、统一的计算方法等。

2.平等互惠原则

平等互惠的原则是谈判活动中必须遵循的一条重要原则。本着平等互惠的原则出发，有助于同外界建立良好的往来关系，是维持长期关系的保障。

3.交流原则

没有交流就没有谈判。

谈判是双方为了达成共识而相互交流的过程。相互交流并非易事，即使是双方有着很深的共同背景与人生经历也是如此。一起生活了几十年的夫妻之间每天还会有误会，何况是双方为了某种利益所进行的谈判。因此，相互不了解的人之间存在交流障碍并不是什么奇怪的事。不管你说什么，对方总是会有不同于你的理解。

4.公平竞争原则

谈判主张合作，主张一致，但不是不讲竞争。所谓公平竞争的原则就是主张通过竞争达到一致，通过竞争形式的合作达到互利的目的，通过竞争从对方承诺中获得自己尽可能多的利益。这种竞争是指公平的竞争、合法的竞争、道德的竞争。公平竞争原则要求以下几点。

第一，双方具有公平的提供和选择的机会。双方在谈判过程中，为了解决矛盾，一定会各自提出许多方案，那么双方在提供方案时，机会是均等的，不能说一方条件优越就由这一方提供方案，或者一方实力强就由这方独揽，这是公平竞争原则予以坚决反对的做法。另外，在具体选择方案时，双方具有平等的选择权利和机会。尊重双方的选择权，选出最优的方案，最大限度地满足双方的需求。

第二，协议的达成与履行是公平的。公平竞争原则要求达成公平的协议。所谓公平协议即指各方都最大限度地满足了本方的利益要求。

另外，在履行协议上，双方都具有公平的义务和责任，不是说某一方可以自行决定某些做法，比如更改协议或不按协议履行等等，都是不允许的。

此外，公平竞争原则还要求竞争者的地位一律平等、双方所采用的标准也必须公平，等等。

5. 效益原则

讲求效益是谈判必须遵循的一个原则问题。人们在谈判过程中，应当讲求效益，提高谈判的效率，降低谈判成本，这也是经济发展的客观要求。

科学技术的发展可谓日新月异，新产品从进入市场到退出市场的周期日益缩短。因此，企业往往在产品还没有上市之前就开始进行广泛的供需洽谈，想尽早打开市场，赢得更多的顾客，以取得较好的经济效益。这就从客观上要求业务谈判人员要讲求洽谈效益，提高洽谈效率。

除了上述基本原则，谈判还应遵循理智灵活的原则、最低目标的原则等。

消除对手戒备，成功开场

有谈判经历的朋友都知道，一般谈判刚开始的时候，双方人员都会表现得彬彬有礼，并相互客套寒暄。但事实上，谈判双方的内心都对对方存有戒备心理，如果这个时候直接步入主题，进行实质性谈话，不仅不能推进谈判的进行，反而会提高对手的警觉心理。

那么，我们如何才能消除对手的戒备心理呢？对此，有心理学家指出，谈判开始的话题最好是松弛的、非业务性的，要善于运用环顾左右、迂回入题的策略，给对方足够的心理准备时间，为谈判成功奠定一个良好的基础。

环顾左右、迂回入题的做法很多，下面介绍几种常用且有效的入题方法。

1. 从介绍己方人员情况入题

在谈判前，简要介绍一下己方人员的经历、学历、年龄和成果等，让对方有个大概的了解，既可以缓解紧张气氛，又不露锋芒地显示己方的实力，使对方不敢轻举妄动，暗中给对方施加心理压力。

2. 从介绍己方的基本情况入题

谈判开始前，先简略介绍一下己方的生产、经营、财务等基本情况，提供给对方一些必要的资料，以显示己方雄厚的实力和良好的信誉，坚定对方与你合作的信念。

3. 从“自谦”入题

如果对方为客，来到己方所在地谈判，应该向客人谦虚地表示各方面照顾不周，没有尽好地主之谊，敬请谅解等；也可以向主人介绍一下自己的经历，说明自己缺乏谈判经验，希望各位多多指教，希望通过这次交流建立友谊等。简单的几句话可以让对方有亲切的感觉，心理戒备也会很快消除。

4. 从题外话入题

谈判开始之前，你可以谈谈关于气候的话题。例如“今天的天气不错”“今年的气候很怪，都三四月份了，天气还这么冷”。也可以谈旅游、娱乐活动、衣食住行等，总之，题外话内容丰富，可以信手拈来，不费力气。你可以根据谈判时间和地点，以及双方谈判人员的具体情况，脱口而出，亲切自然，刻意修饰反而会给人一种不自然的感觉。

5. 从一般原则入题

一些大型的谈判，由于需要洽谈的问题千头万绪，双方高级谈判人员不应该也不可能介入全部谈判，往往要分成若干等级进行多次谈判。这就需要先谈原则问题，因为这种原则问题往往是谈判双方比较容易接受的，由此打开对方心理，再谈细节问题也就容易多了。

正所谓“知己知彼，百战百胜”，想要在谈判中尽快降低对方的心理警觉性，谈判之前就要做好充分的准备。你最好先了解和判断对方的权限及背景，然后把各种条件及自己准备切入的问题等重点内容简要地写在纸上，以备在谈判时随时参考，提醒自己。

两大技巧影响对手心理

谈判是一场极富刺激性与挑战性的竞争，是关于正义、实力、智力、精力、毅力、语言表达能力、思维反应能力、交际能力、心理承受能力等方面的大较量。

在这种较量中，语言表达能力，即口才具有非常重要的作用。良好的口才不仅能使你处于有利的位置，还能使你表现得潇洒大方、魅力十足，给对手留下美好的印象，从而对谈判对手的心理产生潜移默化的影响。

1. 谈判中的叙述技巧

谈判者在整个谈判过程中，必须对自身严格约束，不允许有一点儿自由主义的作风。这就要求谈判者既不能信口开河，又不能不把对方想知道的情况坦诚相告。要准确地表达自己的观点与见解，而且要表达得有条有理、恰到好处，这就需要叙述的技巧。

（1）转折用语

谈判中如果遇到有话不能直说，或者接过对方的话题转向有利于自己的方面去的情况，都要使用转折用语。

例如，“可是……”“但是……”“虽然如此……”“不过……”“然而……”，等等。这种用语具有缓冲作用，可以防止气氛僵化。既不致使对方感到太难堪，又可以使问题向有利于你的方向转化。

（2）解围用语

当谈判出现困难，无法达成协议时，为了突破困境，给自己解围，可以运用解围用语。

例如，“真遗憾，只差一步就成功了！”“就快要达到目标了，真可惜！”“行百里者半九十，最后的阶段是最难的啊！”“这样做，肯定对双方都不利。”“再这样拖延下去，只怕最后结果不妙。”“既然事情已经到这个地步了，懊恼也没有用，还是让我们再做一次努力吧！”等等。这种解围用语，有时能产生较好的效果。只要双方都有谈判诚意，对方就可能会接受你的意见，促使谈判走向成功。

（3）弹性用语

对不同的谈判者，应“看菜吃饭”。如果对方很有修养，语言文雅，你也要采取相似语言，谈吐不凡；如果对方语言朴实无华，那么你的用语也不必过多修饰；如果对方语言爽快、耿直，那么你就无须迂回曲折，可以打开天窗说亮话，干脆利索地摊牌。总之，在谈判中要根据对方的学识、气度、修养，随时调整你的说话语气、用词，这是双方沟通思想、交流感情的有效方法。

此外，谈判中还要注意，不能以否定性的语言来结束谈判。

2.谈判谈吐技巧

（1）礼貌用词，以和为贵

俗话说，“和言暖心”。在谈判过程中，注意满足对方“获得尊重的心理需要”，可以为未来的合作奠定基础。即使受到对方不礼貌或过激言词的刺激，也应保持头脑冷静，尽量以柔和礼貌的语言来表达自己的意见，不仅语调要温和，而且用词也应适合谈判场面的需要。应尽量避免使用一些极端用语，诸如“行不行？不行拉倒！”“就这样定了，否则就算了！”等等。这无疑会激怒对方，把谈判引向破裂。

（2）不要轻易否定

在谈判时，经常会出现双方意见相反甚至激烈对抗的情况，这时尽量不要直接选用“不”等具有否定意义、带有强烈对抗色彩的字眼。这很容易造成无法收拾的局面，对双方都没有什么好处。

当对方不理智地以粗暴的态度对待你时，着眼于整个谈判的大局，你仍应和言悦色地用肯定的句型来表示否定的意思。比如，当对方情绪激动、措辞逆耳时，你不要寸步不让、针锋相对，而应该委婉表示：“我理解你的心情，但你的做法却值得推敲。”这样，即使对方在盛怒之中，也能接受你的话，真好像拳头打在棉花上，有火也不能发。等他冷静下来时，对你的好感就会油然而生。

（3）不要轻易加以评判

在谈判过程中，即使你的意见是正确的，也不要轻易地对对手的行为、动机加以评判。因为如果评判失误，将会导致双方的对立而再难以实现合作。

比如，当你发现对方对某项指标的了解是非常陈旧时，如果你贸然指责：“你了解的指标已经完全过时了……”对方听了，显然无法马上接受，甚至会产生一些负面影响。如果改变一下陈述方式，则可能收到完全不同的效果。如果这样说："对这项指标我与你有不同的看法，我的资料来源是……"就不会使对方产生反感，甚至会乐于接受你的观点。

摸清底细，切香肠式获利

谈判，是一个过程，是一种演进，更是一种谋略和机变的较量。"黔驴之技，一踢而已"的谋略技巧和语言技巧是无法使双方进入实际的谈判过程的，它必须应对机变，"兵来将挡，水来土掩"，这才是谈判桌上的大智。

不过，在采取任何计策和谋略之前，还有一个重要的环节，即探测虚实、摸清对方底细。只有了解对方，你出招儿才能有的放矢，从而出奇制胜。

至于如何探测对方虚实、底细，当然离不开语言艺术。因为谈判中的探测不可能借用什么"仪器"，而只能靠机敏的、有弹性的语言，而且还要用得巧妙。探测的办法也很多，一种是条件探测，即给出两个以上的条件，探测对方对其中的哪一个感兴趣。

某矿山的一个公司为购置紧俏的重型汽车，向生产厂家提出：

"假如我方购买10辆汽车，其中6辆车制造所用的钢材原料，由我方按国家规定价格拨给贵厂，折合后的剩余金额用于购买其余4辆车，不足的金额于本月底电汇贵厂，贵厂认为如何？能不能马上供货？若能供给10辆车，我们再买贵方一部分仓库积压的备件，怎么样？"

这里所提出的假设条件，并非在各种情况下都适用。但是，用户此时的目的很明确，即急需购置10辆重型汽车。这时，生产厂家或者急需钢材，或者急于减少库存备件的积压，增加周转资金，因此只要答应客户两个条件中的任何一个，双方就能达成协议。

还有一种是假定探测，即用话放出一个“空气球”，看看对方如何回答。比如，“听说近年来消费者写信投诉贵厂这一产品的质量问题，不知反映最多的是哪方面的毛病？”这是一种假设的问题，先用了“听说”，表示不一定；又用了“近年来”这样时间跨度较长的词语，这样笼统地谈质量，一般是比较难于否认的，可是对方又不得不回答，这就达到了弄清产品质量的目的。

摸清对手底细后，一位高明的谈判者在谈判之初并不提出自己全部的、真正的要求，而是随着谈判的不断深入，采取挤牙膏的方法，顺顺当当地使对方做出一个又一个的承诺，直到满足自己的所有需求为止。就好像蚕吃桑叶一样，一点一点、一片一片地统统吃光。这就是传统的蚕食谈判策略，又被称为“意大利香肠策略”。

关于“意大利香肠”，有这样一个典故：在意大利，一个乞讨者想得到某人手中的一根香肠，但对方不给，这位乞讨者乞求对方可怜他，给他切一薄片。对方认为这个要求可以，于是答应了。第二天，乞讨者又去乞求切一片，第三天又是如此，最后这个香肠全被乞讨者得到了。

“意大利香肠策略”的具体内容是：意欲取其尺利，则每次谋取毫厘，就像切香肠一样，一片一片地把最大利益切到手。一般来说，人们对对方比较小的要求容易给予满足，而对较高的要求就会感到比较困难。因此，有经验的谈判者绝不会一开始就提出自己的所有要求，而是在谈判的过程中把自己所需要的条件一点一点地提出，这样累积起来，就得到了比较优惠的条件。

这种策略在商务谈判中运用得十分广泛，谈判桌上常常听到“不就是一角钱吗”“不就多运一站地吗”“不就是耽误一天吗”等话语，遇到这种情况时，应当警觉，也许对方正在使用“蚕食计”。特别是当谈判经过双方的讨价还价阶段之后，有的谈判者总是试探着前进，不断地巩固阵地，不动声色地推行自己的方案，让人难以觉察，最终达到自己的目的。

博弈让步，让利益最大化

古代英格兰的律法规定，答应海盗勒索的公民要受到严惩。假如沿岸的居民只是告诉海盗说，他们绝对不会给钱，海盗可能不会相信。但这条法律却彻底斩断了给钱的后路，使他们的话变得非常可信，这是个悖论，也是个典型的“胆小鬼”谈判心理策略。

这个心理策略包含的第一要义是放弃自己的主动权，陷自己于被动。陷自己于被动可以提高谈判的优势。假设你是一位谈判代表，而你能证明你无权做出让步，也许就能顺利成交。比如，产品对买方的价值为3000万元，而产品对卖方的价值为2000万元。卖方只要能让买方相信，他没办法用低于2900万元的价格出售该产品，他就可以得到好处。当然，买方也可能会怀疑卖方是为了提高本身的谈判优势而说谎。

把主动权交给目标和自己不同的代理人往往可以提高本身的谈判优势。假设在上述的博弈中，买方请了一位专业的谈判代表。他的专长在于赢得理想的交易，或是退出谈判。虽然对买方来说，花2900万元比买不到产品要划算，但谈判代表宁可使谈判破裂，也不愿意因为拿下糟糕的交易而坏了自己的名声。假如卖方对这位谈判代表的名声有所耳闻，那么可能的价格范围应该就会变得对买方有利。

告诉别人你已经交出了主动权是很常见也很有效的谈判手法。当律师想要结束诉讼时，往往会宣称他们的委托人只授权他们到某个程度。假如对方相信他们的权限只到这里，那么当他们保证绝对不可能接受更好的条件时，对方就会做出妥协。

不过，从谈判本质上来讲，不管最后谈成什么结果，达成协议总比不达成协议要好得多，所以适时让步是谈判的一大重要策略。除了上面说的要把主动权交给对方，自己不轻易表态，该让步还要让步，有时后退一步，就会海阔天空。

例如，金庸的小说《天龙八部》里有个珍珑棋局，讲的就是后退一步反而制胜的道理，珍珑棋局多年来无人能破解，傻和尚虚竹自杀式地后退了一步，结果没想到正是这一步蠢棋，让他赢得了整个棋局的胜利。所以在谈判中也是一样，懂得适时让步虽然看似胆小懦弱，其实却是明智的心理策略。

在谈判过程中，对方强烈要求让步的地方，就是对方对于谈判利益的需求所在。在这个时候，如果能做出适当的让步，那么就有机会换取对方在其他方面的更大让步（记住：让步的同时是要求对方在其他方面也做出让步），所以，当对方对你火冒三丈或对你咄咄逼人的时候，也是对方的利益需求充分暴露的时候。比如说一个员工对工资福利有很大意见的时候，对公司而言不是一场危机而是一个机会，因为管理者可以通过对薪酬福利的让步换取员工更大的劳动生产率，怕就怕对方没有意见，也没有行动。

虽然许多谈判者也知道这个道理，但在谈判实战中往往提不出较多的谈判条件，这主要是对于自己需要获得的利益还没有一个多层面的、全面的把握。所以，他们往往死抱着一个或几个谈判条件，要么由于僵化而使谈判陷入僵局；要么被迫做出让步而一发而不可收拾。

多发掘围绕某一次谈判自己所需要获得的利益点，然后进行灵活让步可以促使谈判获得成功以及双方利益最大化。

行家面前报价不可太高

双方交易，就要按底价讨价还价，最终签订合同。这里所说的底价并不是指商品价值的最低价格，而是指商家报出的价格。这种价格是可以浮动的，也就是说有讨价还价的余地。围绕底价讨价还价是有很多好处的。举一个简单的例子：

早上，甲到菜市上去买黄瓜，小贩A开价就是每斤5角，绝不还价，这激怒了甲；小贩B要价每斤6角，但可以讲价，而且通过讲价，甲把他的价格压到5角，甲高兴地买了几斤。此外，甲还带着砍价成功的喜悦买了小贩B几根大葱。

同样都是5角，甲为什么愿意磨老半天嘴皮子去买要价6角的呢？因为小贩B的价格有个目标区间——最高6角是他的理想目标，最低5角是他的终极目标。而这种目标区间的设定能让甲讨价还价，从中获得心理满足。

如果想抬高底价，尽量要抢先报价。大家都知道的一个例子就是，卖服装有时可以赚取暴利，聪明的服装商贩往往把价钱标得超出进价一倍甚至几倍。比如，一件皮衣的进价为1000元，摊主希望以1500元成交，但他却标价5000元。几乎没有人有勇气将一件标价5000元的皮衣还价到1000元，而往往都希望能还到2500元，甚至3000元。摊主的抢先报价限制了顾客的思想，由于受标价的影响，顾客往往都以超过进价几倍的价格购买商品。

在这里，摊主无疑是抢先报价的受益者。报价时虽然可以把底价抬高，但是这种抬高也并不是无限制的，尤其在行家面前，谈判时更不可大意。以下案例中的销售员觉得自己的产品正好是对方急需的，而将价格任意抬高，最终失去对方的信任，导致十拿九稳的交易失败。

某公司急需引进一套自动生产线设备，销售员露丝所在的公司正好有相关设备出售，于是露丝立刻将产品资料快递给该公司老板杰森先生，并打去了电话。

露丝："您好！杰森先生。我是露丝，听说您急需一套自动生产线设备。我将我们公司的设备介绍给您快递过去了，您收到了吗？"

杰森（听起来非常高兴）："哦，收到了，露丝小姐。我们现在很需要这种设备，你们公司竟然有，太意外了……"

（露丝一听大喜过望，她知道在这个小城里拥有这样设备的公司仅她们一家，而对方又急需，看来这桩生意十有八九跑不了了。）

露丝："是吗？希望我们合作愉快。"

杰森："你们这套设备售价多少？"

露丝（颇为扬扬自得的语调）："我们这套设备售价30万美元……"

客户（勃然大怒）："什么？你们的价格也太离谱了！一点儿诚意也没有，咱们的谈话就到此为止！"（重重地挂上了电话）

如果你在和客户谈判时，觉得不好报底价，你完全可以先让对方报价。把对方的报价与你心目中的期望价相比较，然后你就会发现你们的距离有多远，随之调整你的价格策略，这样的结果可能是双方都满意的。切忌报价过高，尤其在行家面前。

不要在客户面前自吹自擂

有的谈判者认为自己对产品的性能及特点了解比较专业，因此在谈判过程中，不是一味地自吹自擂，就是不断地询问客户：“你懂吗”“你知道吗”“你明白我的意思吗”他可能真的是在为客户着想，希望能更好地介绍自己的商品，达成此次交易。但客户的心里却充满了不满，感觉自己被当作一个什么都不懂的傻瓜，恨得牙都痒痒了。

无论是自我吹嘘还是不断地质问，都会让客户觉得受到了轻视，从心理学来讲，客户一旦感觉受到了轻视，逆反心理马上会随之产生。一旦造成这种结果，谈判就会遇到障碍。

因此，在与客户进行商谈的时候，切记不能把对方当成傻瓜。如果把客户当傻瓜，就算客户不懂，也不会买你的东西。

吴女士准备给刚上学的女儿买一套合适的书桌。周末，她来到了某商场的家具销售区。

吴女士一进门，一名女销售员就热情地迎了上来，迫不及待地说：“欢迎光临，本店的家具质量上乘，设计一流，豪华高档，摆放在您的家里，一定可以大大提升您的品位。”

吴女士笑了笑说：“谢谢，不过我对这些倒不是很重视。对了，你能给我讲讲这套家具的具体构造吗？”她指着一套家具说。

销售员马上说："非常乐于为您效劳，这套家具的整体风格总体来说复古怀旧，由著名的设计师设计，如果你买了，还可以当作梳妆台用……"

吴女士再次果断地打断了她的介绍："这也不是我最感兴趣的。我比较关心的是……"

销售员马上又接过了她的话："我知道了，您想了解构造！这套家具采用的都是上乘木料，外面还配置了保护层，我敢保证它的使用寿命绝对在20年以上……"

这依然不是吴女士关心的内容，她不得不再次打断销售员："关于这些，我都相信。但是我想，你是误会我的意思了，我更关心孩子……"

还没等她的话说完，那位女销售员又一次抢过了她的话说："你完全不必有这样的担忧，我们会为您的家具特别配置一些防护措施，能够避免小孩子在上面乱涂乱画。如果你现在买的话，我们还可以给您优惠价……"

吴女士实在听不下去了，马上向对方告辞，转身离去。销售员只好满腹疑惑地道别。

这个案例中，双方交易之所以失败，就是因为这位女销售员不明白吴女士的心理，而且不等吴女士把自己的想法表达出来就一味自吹自擂。她以为自己了解客户，是想客户之所想，而客户都是行外人，不专业。而事实上，吴女士关心的是家具能不能适用于自己的孩子。

尽管这位销售员向客户推荐了品位、质量、价格等一系列商品的卖点，可最终没能做成这笔交易，还惹得吴女士一肚子怨气，选择了别的商家。

作为一名谈判者，尤其是现场的谈判者，最关键的一点就是站在客户的角度上替客户着想，从而了解并把握客户的心理需求，只有这样，才能有针对地介绍客户期待的产品。而不要自以为是把客户当笨蛋对其进行说教，如果那样，势必会引起客户的反感。只有时时刻刻为客户着想，站在客户的立场上看待问题，满足客户的需求，达成交易，才能使自己的利益最大化。

多数情况下，人与人之间的智商区别并不明显，谈判双方也是这样。优秀的谈判者善于把握客户的心理，在谈判技巧上做出相应的调整，加上他们诚挚的态度，通过自己言行举止让客户感觉到这种尊重，在心理上得到极大的满足，从而赢得客户的信赖，结果自然就会促成谈判的成功。

给客户一个购买的理由

跳高能手跳蚤、蚱蜢和青蛙被国王邀请到王宫里，让它们三个在众人面前一决高下，最后的赢家将会娶公主为妻。面对这样的诱惑，跳蚤、蚱蜢和青蛙都跃跃欲试。

第一个出场的是跳蚤，它跳得非常高，以至于人们根本看不见它的踪影。大家议论纷纷，说跳蚤根本就没有跳，这令跳蚤十分委屈。

蚱蜢跳得连跳蚤的一半高都没有，但它跳得姿势优美，所有的人都为它鼓掌，只有国王还是轻轻摇了摇头。

轮到青蛙了，它在那里沉思了好一会儿，突然笨拙地跳到了坐在金凳子上的漂亮公主的膝盖上。

这时，国王站了起来，对着众人宣布：“谁跳到我女儿的身上，谁就是跳得最高的，这才是跳高的目的。不过要想到这一点，需要一点头脑，青蛙已经表现出了这种头脑。”

最终，青蛙得到了公主。

乍看之下，跳蚤和蚱蜢似乎受到了委屈，因为青蛙跳得最低，却得到了公主。造成这种结局的原因就在于青蛙了解了国王的心意，准确把握住了国王的期望，自然赢得了国王的青睐。

作为经常和客户打交道的人，客户的“消费心理学”应该是非常熟悉，并牢牢掌握。无论是拜访客户，抑或是正与客户谈判，都要紧紧地抓住客户的需求，给客户一个购买的理由。

书店里，一对年轻夫妇想给孩子买一些百科读物，店员过来与他们交谈。以下是当时的谈话摘录。

客户：“这套百科全书有哪些特点？”

店员：“你看，这套书的装帧是一流的，整套都是这种真皮套封烫金字的装帧，摆在您的书架上非常好看。”

客户：“里面有哪些内容？”

店员：“本书内容按字母顺序编排，这样便于资料查找。每幅图片都很漂亮逼真，比如这幅，多美。”

客户：“我看得出，不过我想知道的是……”

店员：“我知道您想说什么！本书内容包罗万象，有了这套书您就如同有了一套地图集，而且还是附有详尽地形图的地图集。这对你们一定大有用处。”

客户：“我是为孩子买的，让他从现在开始学习一些东西。”

店员：“哦，原来是这样。这套书很适合小孩子的。它有带锁的玻璃门书箱，这样您的孩子就不会将它弄脏，小书箱是随书送的。我可以给您开单了吗？”

（店员作势要将书打包，给客户开单出货。）

客户："哦，我考虑考虑。你能不能找出其中的某部分比如文学部分，让我们了解一下其中的内容？"

店员："本周内有一次特别的优惠抽奖活动，现在买说不定能中奖。"

客户："我恐怕不需要了。"

对客户来讲，"值得买的"不如"想要买的"，客户只有明白产品会给自己带来好处才会购买。

在与客户进行沟通商谈时，如果你只把注意力放在如何将产品推销出去，甚至为了达到目的不择手段，这样，失去的可能比得到的更多，因为你可能推出了一件产品，但从此失去了一个客户。

这位店员给客户的感觉是太以自我为中心了，好像他需要的就是客户需要的。他完全站在自己的角度上对产品进行理解，然后强加于客户，让客户感觉：这样的书是你需要的，而不是我需要的。

所以，以上的失败只是源于店员的疏忽，他自顾自地说话，没有仔细想一想对方的需求，其实客户已给过他机会，只是可惜他没有及时抓住这样的信息。

因此，一场由不愉快的谈话所导致的失败结局也就在所难免。

第二章

制造心理优势，获得主动权

借助力量，掌握主动

谈判不是即兴表演，它需要很长一段时间的准备、预测和谋划，我们要研究和分析一切有利于自己和不利于自己的因素，并尽量收集一切可以借助的力量。这才能为谈判打开有利于自己的局面，掌控谈判的主动权。

什么是谈判的主动权呢？

在谈判中，主动权就是能够按照自我意愿行事的权力，这种权力会因为你地位、环境、心理等的变化而有所变化，同时，你能够掌控局面，引领对方做出有利于自己的选择。

比如，两家公司进行商品交易，供给和需求是很重要的衡量因素。买方的需求越大，在没有其他合作对象的时候，或者即使有合作对象也不及原供给方的时候，对供给方来说就越有利，供给方就很有可能处于主导地位，掌控主动权。而当供大于求时，有很多同样质量的商品供买家选择，那么这就对买家有利，供给方就处于下风。同样道理，律师要向委托人提供高水平的法律服务，满足委托人的要求；送货员要保证物品完好、准时地运送至指定地点；餐厅要提供美味的菜肴，以及良好的就餐气氛，等等。只有保证了这些，才能得到较好的评价，其需求量也会增大，需求量越大，在谈判时对自己就越有利。

可见，掌控谈判的主动权和实际情况是有密切联系的。这种主动权是你身边所有因素的集合，是你能够动用的所有力量的集合。但并不是说，有了这些力量，你就一定能够赢得谈判的最终胜利，这些只是谈判前主动权的影响因素。如果仅仅在谈判前就能够决定谈判中的一切，谈判就没有存在的必要了。

那么，在谈判进行时，能够影响主动权的因素又有哪些呢？我们要怎样才能谋取谈判的主动权呢？下面有几个关键词来方便我们记忆。

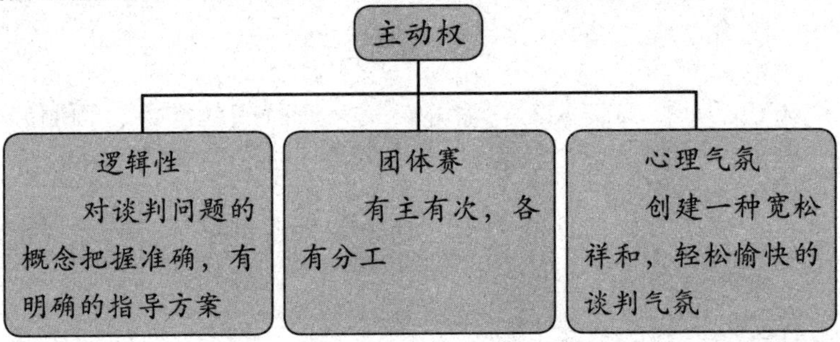

我们先来说逻辑性。谈判的逻辑性表现在说话要思路清晰，要谨记自己提到过的关键词、关键数字、关键问题，前后不能矛盾，无论是闲聊还是在严肃环境下，否则很有可能被对方抓住把柄，变得被动。

我们要做的事，是用清晰的逻辑、思路、观点，让对方逐渐从他自己的想法中跳脱出来，逐渐与我们的观点并行。这就要求我们十分清楚自己的谈判目的和问题的本质，你要把自己对谈判的分析进行仔细梳理：

我方和对方的利益点分别是什么？

双方有无共同利益？

问题的实质是什么？

解决这个问题的方案会不会过多地伤害彼此的利益？

……

很多有助于谈判的问题，都要事先进行梳理，并且牢记。同时，你也要清楚，谈判虽然可以说是一个战场，但是你并不一定要把对方杀死，你的目的并不是战胜对方，获得胜利，而是在彼此可以建立长久社会关系的前提下，进行自我利益的最大化。所以，你可以为自己争取附加价值，却没有必要咬住所有的利益不放。

现在，我们再来看看团体赛。这种方式商业谈判最为需要。因为，凡是重要的商业谈判，往往都是团体赛——是两个智囊团的博弈。所以，要管理好一个团队，就需要明白主次分明、分工明确的道理。也就是说，如同戏剧一般，一场谈判需要主角和配角的相互配合，主角是核心人物，配角则要为这个核心人物服务。主角负责在重点问题上梳理思路、解决问题，而配角不仅要再次表明主角的重点，或者将主角不便说的话讲出来，同时，还要为主角可能出现的口误或者漏洞进行补救。这两种角色只有配合到位了，整场谈判才能够默契进行。

最后，我们再来谈谈心理气氛。心理气氛决定了交流气氛是否宽松祥和、轻松愉悦。凡是商业谈判，双方都想通过沟通交流，实现己方的某种意图，所以是一种对立统一的关系，这往往就需要一个宽松祥和、轻松愉快的谈判气氛。因为大多数人在轻松和谐的气氛中，能耐心地听取不同意见，给人以更多的说话机会。

高明的谈判者往往都是从中心议题之外开始，逐步引入正题。正是所谓“功夫在诗外”。可视对方的喜恶选择谈论的题目，谈酒可以成酒友，谈烟可以成烟友，谈网可以成网友，谈戏可以成票友。同学的同学可以为同学，老乡的老乡可以为老乡。某一方面喜恶和见识都可能使谈判双方成为“知音”。如果能使对方有一种相见恨晚之感，就为谈判打下了很好的基础。轻松和谐的谈判气氛，能够拉近双方的距离。切入正题之后就容易找到共同的语言，化解双方的分歧或矛盾。

抬高要求，迫使让步

如何以强大的心理优势，引导谈判过程？

亨利·基辛格会这样告诉你：“谈判桌前的结果完全取决于你能在多大程度上抬高自己的要求。”

为什么要这样做？我们不妨先阅读一个小案例：

1972年12月，时任英国首相的撒切尔夫人在欧共体的一次首脑会议上表示，英国在欧共体中负担的费用过多。她表示，在过去几年中，英国投入了大笔的资金，却没有获得相应的利益，因此她要求削减英国每年10亿英镑的费用。

这个要求高得惊人，欧共体其他成员国首脑猜测撒切尔夫人的真正目标是每年减少3亿英镑，于是他们提出每年只能削减2.5亿英镑。这同撒切尔夫人提出每年削减10亿英磅的需求相差甚远，双方一时难以协调。

虽然削减10亿英镑费用并不是撒切尔夫人的真实目的，她的期望值是3亿英镑，但现在在她的底牌没有被发觉之前，她决心好好玩一把。撒切尔夫人告诉各国首脑，原则上必须按照她提出的方案执行，并且警告各国没有选择的余地，并采取强硬的态度告诉对手决不妥协。

由于撒切尔夫人顽强地抵制，终于迫使各国首脑做出了很大的让步。最终欧共体各国首脑同意英国每年削减开支8亿英镑。

撒切尔夫人的策略是用提出的高价，来改变各国首脑的预期目标。撒切尔夫人的高起点策略取得了很好的效应。

从这个小案例中我们不难发现高预期的好处。开出高于预期的条件可以让你有更大的谈判空间。之所以这么说，道理非常简单，如果你是买家，你随时都有机会抬高价格，根本不可能压低价格；而如果你是卖家，你随时都有机会降低价格，却很难加价。也许一开始就这么做会让你感觉有些为难。但如果换个角度，由于我们都不愿意被对方看作“有些离谱”，也许真正的最优条件可能与你设想中差别甚远，因此我们都不愿开出可能会让对方“喷饭”或者直接拒绝的条件。正是出于这种心理，你很可能会降低自身的预期目标，这并不是最理想的结局。

如果在谈判的开局阶段，就把条件抬到最高限度，同时又让对方觉得是合情合理的，那么你就会在谈判过程中处于优势，获得更有利于自己的结果。需要注意的是，在开出条件之后，你一定要让对方感觉到你的条件是可以商量的。

开出高于预期的条件可以大大提高你的产品在对方心目中的价值。

所谓“物美价廉”，这只是一种理想的说法，更多时候大家宁愿相信“一分价钱一分货”。设想一下，如果你在申请一份工作，当你提出高于自己预期的薪资要求时，对方会觉得你是一个很有能力的人，这种做法会大大提高你在对方心目中的地位。

开出高于预期的条件可以使谈判对方在谈判结束时感觉自己赢得了谈判。

例如，A和B都是房产销售，最近他们分别进行了一场情况相似的谈判。尽管两个人最终都以同样的价格成交，但A的谈判策略让对方感觉自己赢得了谈判，而B的谈判方法则让对方感觉到自己吃亏了。

A的办法让他赢得了下一个客户，这就是在不损害己方利益的前提下，让对方感觉自己赢得了谈判。

做时间的控制者

想象一下你正在打一场激烈的篮球赛，剩下20秒时，你的队伍落后4分，而你有办法让时间倒退2分钟吗？在比赛中，未必是双方的能力悬殊才导致一方失败，而是时间的限制所致。

时间，是我们行事的要素之一，我们做一件事情总会给自己一个时间。做什么事情都和时间有关系，做这件事你花了多长时间，什么时候开始的，在什么时候你取得了显著的成效，什么时候完成的。时间的安排影响着这件事的整体进度，时间的长短也影响着这件事完成的最终效果……比如，你想要哄孩子早点上床睡觉，就需要速战速决，你不可能跟自己说，我花一晚上的时间来哄孩子睡，如果真需要这么长的时间，恐怕也没有劝说的必要了；或者，你的公司要你完成一项艰巨的任务，但是上司只给你三天时间，那这三天时间你又能干什么呢？这一听就让人觉得是不可能的，是玩笑话；再或者，你要和客户谈生意，你选在晚上大家都熟睡的时候，用一阵急促的铃声唤醒对方，然后兴奋地说："嘿，乔恩，我们现在就来谈谈这次的合作吧！"恐怕除了愤怒的斥骂和急促的电话挂断声，你得不到其他的回答……

看到这儿，我们也就明白了，对于谈判来说，时间的重要性和正确运用时间的必要性。在谈判中，你要做时间的控制者，而不是被时间控制。

首先，你需要有一个正确的时间观。

精准的时间观念和感觉能够在谈判中帮助你获得对方的好感、制定准确的谈判节奏、适时提出攻防策略，等等。比如，和迟到的人相比，人们更喜欢能够准时甚至是早几分钟到的人，这样，不仅能够显示你对这件事和对谈判对方的重视，也可以表现自己的诚意。这种开场就能够奠定十分友好的氛围基础。

其次，时间和心理状态有关系。

我们每个人或多或少可能都有过这样的经历——当你在说自己喜欢的事情时，或者在和自己喜欢的人相处时，会觉得时间过得特别快；而当你做着没有好感的事情，或者处于痛苦之中时，会觉得时间过得特别慢。客观上说，时间的长短并没有变化，变化的是人们的心境。这是我们的意志对时间感受的影响，那么，相反的，时间感受也能够影响我们的意志，这是相互的。

例如，你要和一家公司谈判，当你无法判定是在对方公司附近，还是在自己公司附近选择谈判地点的时候，尤其是在两家公司针锋相对的意味较为明显的时候，你可以选你公司附近的地方。为什么呢？这有什么道理吗？这就好像为什么有些情侣或者夫妻，明明已经没有感情了，却仍然舍不得放手。他们是舍不得那个人吗？他们舍不得的是自己在这份感情中投入的精力和时间。一个人在一件事情上面投入的时间越长，他就越舍不得放弃，也就越希望能够促成这件事的成功。如果对方花1小时、1天甚至3天（国外）以上的时间才能来到你的公司，他们会在潜意识里将这种时间投入也算进去，这就加强了他们不想放弃的决心。

不只是谈判地点，谈判到底安排在什么时候，也会对双方（多方）有影响，但是，谈判的性质、情况不同，安排的时间也是有变化的，我们无法给出一个特别统一的原则。但是，我们可以用排除法，看看哪些时间不宜进行谈判。

第一，下午4～6点是精神和肉体比较疲惫的时间段，这个时候，人们倦怠、烦躁，希望获得休息，所以，不宜谈判。

第二，身体处于疲劳状态后的恢复期不宜谈判。比如，你去国外谈合作，最好不要一下飞机就去，由于生理、时差等问题，你的大脑运作可能会受到影响。再有，生病的时候也不要硬挺着去谈判。还有，普遍情况下，我们不建议周一进行谈判，因为休息日后的第一天，人们放松的状态还没有恢复过来，没办法即刻进入工作模式。

第三，紧张的工作之后也不要即刻谈判。不要处理完一件和谈判无关的事情后，就马上进入谈判状态，你的思路如果没办法理清，就很可能使谈判变得很混乱。

……

谈判所用时间通常有两种情况：一种是双方都没有表明谈判将持续的时间，即处于保密或者随机应变的状况；另一种则是事先协商好谈判的截止日期。

如果是前者，你需要了解对方的时间期限来制定自己的策略。而在时间随意性较强的情况之下，往往站在最后的人才能笑到最后。而通过拖延时间来获得更多信息和制定应对策略就成为一种很不错的技巧。如果是后者，有一个明确的时间限制，会给人一种心理压力，这种压力有时候会影响谈判的氛围和策略等。

而时间和信息的输入也有十分紧密的联系。你在对方精力最充沛、精神状态比较好的时候，提出一个新观点，往往比在对方疲惫不堪的时候提出更有说服力。而这个新观点在休息阶段也可以给对方更多的思考空间。

安排好谈判的节奏

假设你的上司让你加入一个项目小组，我们可以把它看成一个大议题——“去不去”，但是，你并不能将这个议题看成是单一的，而是应该将其分割成不同的成分或者阶段的小议题来进行讨论——“什么时候去”“以什么身份去”“去多久”及“如何安排善后”等。

同样，当你想跟老板要加薪5%时，也可以切割成“什么时候加”“分几次加”“在什么前提下开始加”等小议题来讨论。同时，对于这些小议题，我们还要合理安排分别应该使用多长时间，比如，讨论“什么时候加薪”这个问题的时候，可以快速地带入，直接进入主题讨论，然后花大部分时间加以探讨。又或者，在谈“在什么前提下开始加”的时候，将其放在讨论的后期。

这种对整体时间和小议题分割的掌控，我们称为谈判的节奏。简单地说，就是问题怎么安排，相应阶段的时间长短如何控制。在谈判中，就表现为什么时候提出条件，用怎样一种技巧和方式提出来，争取最大利益应该安排在什么阶段，什么时候可以适当地进行一些妥协，等等。节奏要是安排不好的话，会直接影响到谈判的结果。

一般情况下，我们将谈判分为三个阶段：

初期——关键词：迅速

在谈判开始之前，我们自然要花大量的时间掌握尽量全面的信息，以助我们能够有充足的准备，应对谈判中可能出现的问题，制定应对的措施。所以，当一切准备就绪，开始谈判的时候，就需要我们很快地进入主题讨论中，不要就一些无关紧要的问题讨论了半天，让人疲倦了之后才开始解决关键问题。尽早揭露双方的分歧和冲突，就关键问题进行谈判。

中期——关键词：平稳

问题已经暴露出来了，就需要就双方的冲突和利益点进行探讨，逐步消除双方的分歧。我们可以在一开始解决一些非原则性的问题，算是缓和整体的谈判氛围，创造一种友好平和的谈判气氛。当然，还需要适当保留一些，以便能够在后期的时候让谈判表现得更有弹性。然后，再去处理争议较大的问题。

无论你是否处于弱势，千万不要一开始为了制造和谐氛围而刻意妥协，谈判中的妥协是一种技巧，是可以存在的，但是，不能让妥协暴露出你的弱势心理，更不能让妥协成为对方扼住你咽喉的理由。所以，哪怕已经做好了妥协的打算，也需要适当地往后安排。这样，不仅增大了前面时间的谈判弹性，也能够给对方一种暗示——我的妥协是逼不得已的，是非常珍贵的，所以，牺牲的一些利益需要你给我适当的补偿。这是一种讨价还价的策略。

后期——关键词：快慢结合

这一阶段主要解决的是一些比较复杂的、争议比较大的谈判问题，有时候，甚至会触及原则问题。而就这一点来说，这个阶段的节奏更能表现出谈判双方的心理素质和水平。能够快速解决问题，扫平障碍固然是好，如果不能的话，就需要耐心来打慢牌，给自己一些时间去思考如何处理那些争议，看到意料之外的解决技巧。

谈判的阶段划分也是需要我们慎重思考的一个问题，不能单就时间来安排，这还需要考虑到谈判内容的难易程度、谈判项目的大小。但是，主要的方向还是较为统一的。我们要明白，这里的知识信息只是为我们提供一种参考方案和大致方向，具体到每一个谈判中，我们都需要结合实际情况来进行方案的制订和谈判攻略的选择。

接下来，我们来看一个案例，巩固一下我们对时间节奏的理解。

在美国，当日本企业与戴尔电脑、沃尔玛公司、家得宝公司等大企业进行商业往来时，一般都是由这些公司先准备好对自己有利的合同，并要求日本企业全部接受。

某日本中型企业向美国的某大型企业提供电脑配件，本来这家日本企业已经决定不谈判直接签约的，但最后还是找到某事务所委托其为自己争取一些利益。事务所人员看了双方的合同，果然多数条款都是对美国企业有利的。

事务所指出其中一条，美方公司向日方公司发出的订单，在送货上门前，有权随时取消。这一条是十分重要的，因为日方企业的配件都是根据对方的规格、型号要求进行生产的，如果生产已经完成，而对方取消了订单，那么，后果是十分可怕的，将会给日方公司带来巨大危机。

同时，事务所人员还发现另外5个原则性强、利益争议性很强的问题。最后，他们决定采取一种“高起点出发”的策略。他们连同合同中另外5处原则性不是很强的合同条款，一起向美方公司提出修改意见。美方公司自然会进行辩驳，在中期阶段，日方公司逐渐放弃了原则性不是很强的5项条款的修改要求，而坚持了原则性很强的5项条款不动摇。无论对方如何反驳他们的意见，他们都坚持不松口。最后，5项原则性条款得以修改。日方企业为自己争取了最大利益。

本来是一个一边倒的合同，最后却能够化解危机，在处于弱势地位时争取到相对有利的条件，不得不说，这和节奏的掌控是有密切关系的。

把握分寸，获得优势

请想象一下：你正在被介绍给某人，你们都说了自己的名字，接着又说了些诸如“很高兴认识你”的话。但然后呢？你该说些什么？你觉得和这位新认识的人待在一起很尴尬，更感觉不到自己有任何优势，只好绞尽脑汁搜刮下一个话题。

事实上，你可以设计一个有新意的自我介绍，向对方提供一些关于你自己的信息，从而让对话顺利进行。比如，你可以说：

“你好，我是ABC公司的会计卡罗尔·琼斯，我帮人们管钱，还帮他们省钱。”

“你好，我是汤姆·马丁，我在XYZ公司帮助小公司设计电脑软件。”

于是，汤姆开始问卡罗尔会计的事、ABC公司以及如何理财，而卡罗尔也准备问问XYZ公司的事情，还有软件设计，等等。看，你的介绍引出了一段有意思的谈话。

在日常生活中，关于自我介绍的学问很大，有些注意事项更是万万不可忽视。

一方面，无论是哪一种自我介绍，都必须把握好分寸，即时机上的分寸和时间上的分寸。

1.注意自我介绍的时机

进行自我介绍应当选择适当的时间，如对方空闲的时候、对方兴致正浓时、对方对你感兴趣时、对方主动提出要求时。如果时间不合适，如对方正在忙碌、缺乏兴趣、心情不佳等时候就应该避免进行自我介绍。

2.注意控制自我陈述的时间长度

原则上是在把必须让对方了解的有关自己的信息介绍清楚的前提下，时间越短越好。因此，这就要求介绍的内容必须具有值得告诉对方的必要性，同时要求介绍者语言精练，条理清晰。一般应该把时间控制在1分钟之内。切忌滔滔不绝、废话连篇。

此外，自我介绍还应该注意态度，必须友善、自然、亲切、随和；应该落落大方，既不畏首畏尾，也不虚张声势；应该表现得充满自信，千万不要妄自菲薄、心生胆怯；语气要自然，语速要正常，语音要清晰；切忌语气生硬、语速过快或过慢、语音含糊不清，否则对方会让你介绍第二遍。进行自我介绍时所表述的内容，一定要实事求是。没有必要过分谦虚，一味贬低自己，讨好别人；也不能自吹自擂，故弄玄虚，企图借夸大自己来赢得别人的好感。

需要注意的是，无论在怎样的场合做自我介绍，真实、坦诚都是第一位的。只要你把握好这一点，再适当运用自我介绍的技巧，相信你一定能顺利完成谈判中的第一关，为进一步谈判打好基础。

唇枪舌剑，先发制人

兵家有这样一句用语：“先下手为强，后下手遭殃。”事实上，在现实的谈判，这句话也是很有实用价值的。

1986年亚洲大专辩论会上，新加坡国立大学队和中国香港中文大学队展开辩论，辩题是《外来投资能够确保发展中国家经济高速成长》。

中国香港中文大学队为正方，新加坡国立大学队为反方。显然，从命题上看，中国香港中文大学队处于不利地位。因为“确保”一词是个值得推敲的词语，如果把“确保”理解成绝对保证，那么，正方香港中文大学队几乎是无理可辩。

不过，中国香港中文大学队也有高招，他们采取“先发制人、先声夺人”的策略，开场就提出“确保”并不是指百分之百保证。比如，在中国内地的客车里，广播员常说：“为了确保各位旅客的安全，请不要扶靠车门。”这并不是说只要不去扶靠车门，乘客的安全就百分之百得到保证了。

中国香港中文大学率先定义“确保”一词的含义，为自己的论点开辟了广阔的活动舞台，而反方新加坡国立大学队又没有令人信服地证明“确保”就是百分之百地保证，因此，中国香港中文大学就化不利为有利，牢牢把握了辩论场上的主动权，并最终获胜。

可以设想，如果不是采用了先发制人的方法，而是在承认“确保”就是百分之百地保证的前提下与对方辩论，正方很难有取胜的希望。

“先发制人”重在一个“先”字，贵在一个“制”字。当你了解别人将要在谈判中说一些对你不利的话或让你办一些不想办的事时，你可以抢先开口，或截、或封、或堵、或围、或压、或劝，明确告知对方免于开口，打断对方的话题，用其他话题岔开。这样就能牢牢掌握谈判的主动权，达到自己的目的。

谈判不是简单的争辩，更不是街头泼妇骂架，而是进攻与防守综合艺术的运用。顾头不顾尾的蛮攻和忍气吞声的死守都会造成灭顶之灾。孙子曰：“备前则后寡，备后则前寡，备左则右寡，备右则左寡，无所不备，则无所不寡。”在谈判时，为了辨明是非，最经常也是最奏效的战略就是主动出击，先发制人，因为只有在进攻、进攻、再进攻中才能始终把握主动权。但不能盲目进攻，要掌握进攻技巧，才能取得好的效果。

通过握手表达强势

心理学家指出，一些小动作能够表现出动作者的思想、态度等内心的信息。而握手，虽然是陌生人之间第一次的身体接触，只有几秒钟的时间，但这短短的几秒钟是非常关键的。

握手的方式、用力的大小、手掌的湿度等，像哑剧一样无声地向对方描述你的性格、可信程度、心理状态等。握手的方式表现了你对别人的态度是热情还是冷淡，积极还是消极，是尊重别人、诚恳相待，还是居高临下、敷衍了事。

玛丽凯·阿什是美国著名的企业家，她在退休后创办了玫琳凯化妆品公司。开业之初，公司雇员仅有10人，经过20年的发展，成了拥有5000人、年销售额过亿美元的大公司。

玛丽凯·阿什在其垂暮之年为何能取得如此巨大的成就？她说，她是从懂得真诚握手开始的。

玛丽凯·阿什在自己创业前，在一家公司当推销员，有一次，开了整整一天会之后，玛丽凯·阿什排队等了三个小时，希望同销售经理握握手。可是，销售经理同她握手时，手只与她的手碰了一下，连瞧都没瞧她一眼，这极大地伤害了她的自尊心，工作的热情再也调动不起来。当时，她下定决心："如果有那么一天，有人排队等着同我握手，我将把注意力全部集中在站在我面前同我握手的人身上——不管我有多累！"

果然，从她创立公司的那一天开始，她无数次和人握手，总是记住当年所受到的冷遇，公正、友好、全神贯注地与每一个人握手，结果她的热情与真诚感动了每一个人，许多人因此心甘情愿地与她合作，于是她的事业蒸蒸日上。

由此可见，握手是很有学问的。美国著名盲聋作家海伦·凯勒曾写道："我接触的手，虽然无言，却极有表现力。有的人握手能拒人千里之外，我握着他们冷冰冰的指尖，就像和凛冽的北风握手一样。也有些人的手充满阳光，他们握住你的手，使你感到温暖。"

总而言之，握手所能传达的心理信号中，较为常见的有：支配的信号、顺从的信号和平等的信号。

当别人的双手给你这样的感觉时，你就可以大致做出如下的判断。

1. 支配

支配性手势是握手时，伸出一只手，先握向对方，即手掌朝下。这个姿势传达的心理信号是，发出动作者有强烈的控制欲望。因此，他可能极为强势，希望能掌握彼此之间的控制权。根据美国心理学家对54名成功的高级主管的调查显示，他们不仅会主动跟人握手，而且绝大多数使用了支配性握手的方式。

2. 顺从

顺从性手势是握手时，手掌翻转过来，手心向上。这个姿势传递的心理信号是，发出动作者很温顺，容易控制。同时，这还意味着他将谈判中的优势地位让给了对方，失掉了控制权。

3. 平等

平等性手势是握手时，双方的手像垂直于地面的两堵墙，紧紧握在一起。这个姿势传递的心理信号是，发出动作者很崇尚平等，尊重对方。通常这种手势会在双方间形成非常融洽的关系，留给彼此较好的印象。

所以，在与谈判对象刚刚见面的时候，不妨通过握手这种无须言表的小动作，来传达自己的气势。

以退为进，事半功倍

一位犹太商人带着三幅名家画到美国出售，恰好被一位美国画商看中。美国人自以为很聪明，他认定：既然这三幅画都是珍品，必有收藏价值，假如买下这三幅画，经过一段时期的收藏肯定会涨价，那时自己一定会发一笔大财。于是，他下定决心无论如何也要买下这些名家名作。

主意打定，美国画商就问犹太商人："先生，你的画不错，请问多少钱一幅？"

"你是只买一幅呢，还是三幅都买？"商人不答反问。

"三幅都买怎么讲？只买一幅又怎么讲？"美国人开始算计了。他的如意算盘是先和商人敲定一幅画的价格，然后，再和盘托出，把其他两幅一同买下，肯定能便宜点，多买少算嘛。

犹太商人并没有直接回答他的问题，只是脸上露出为难的表情。美国人沉不住气了，说："你开个价，三幅一共要多少钱？"

这位犹太商人是地地道道的商业精，他知道自己画的价值，而且他还了解到，美国人有个习惯，喜欢收藏古董名画，他要是看上，是不会轻易放弃的，肯定出高价买下。并且他从这个美国人的眼神中看出，他已经看上自己的画了，于是他的心中就有底儿了。

于是这位犹太商人漫不经心地回答说："先生，如果你真想买的话，我就便宜点全卖给你了，每幅3万美元，怎么样？"

这个画商也不是商场上的平庸之辈，他1美元也不想多出，便和犹太商人还起价来，一时间谈判陷入了僵局。

忽然，犹太商人怒气冲冲地拿起一幅画就往外走，二话不说就把画烧了。美国画商看着一幅画被烧非常心痛。他问犹太商人剩下的两幅画卖多少钱。

想不到犹太商人这回要价口气更是强硬，声明少于9万美元不卖。少了一幅画，还要9万美元，美国商人觉得太委屈，便要求降低价钱。

但犹太商人不理会这一套，又怒气冲冲地拿起一幅画烧掉了。

这一回画商大惊失色，只好乞求犹太商人不要把最后一幅画烧掉，因为自己实在太爱这幅画了。接着，他又问这最后一幅画多少钱。

想不到犹太商人张口竟要12万美元。犹太商人接着说："如今，只剩下一幅了，这可以说是绝世之宝，它的价值已大大超过了三幅画都在的时候。因此，现在我告诉你，如果你真想要买这幅画，最低得出价12万美元。”

画商一脸苦相，没办法，最后只好成交。

以退为进是谈判桌上常用的一个制胜心理策略和技巧，是指当己方谈判人员的方案被拒绝之后，与其勉强且直接反驳客户的问题，不如先转移当时的话题，让客户认为你不会再继续说服他，等到气氛稍有改变之后，再继续尝试促成。应用这个策略就需要谈判人员具备察言观色和灵活机智的思考能力。

就像这个案例中的那位卖画的犹太商人，他凭借对美国人习惯的了解和对这个美国人表情的观察，知道对方已经有了购买欲望。犹太商人做出这个判断，一方面依靠的是其掌握的情况与收集到的信息，另一方面依靠的是其善于察言观色的能力。

得出这个结论后，犹太商人知道自己在这场谈判中已经占据了主导地位，在谈判陷入僵局后，他机智地利用了美国人爱画的心理，连烧两幅画，并且抬高了原来的价格，最终迫使美国人高价成交，这就是一种典型的以退为进的策略，并且是“退一步，进两步”，于是他取得了谈判的胜利。

可见，在谈判过程中，“以退为进”往往能起到事半功倍的效果，因此，谈判人员如果遇到类似的情况，不妨向那位犹太商人学习，采用“以退为进”的策略让谈判对手“束手就擒”。

告诉他别人也买你的东西

你知道反馈意见的另一个重要意义吗？换句话说就是在谈判

的时候，告诉客户别人也买你的东西。机敏的谈判者把它幻化成了一个榜样，搬到了销售谈判桌上。

如果在谈判过程中客户说："你们的××产品定价太高，我们可负荷不了。"这也就是告诉你，"我们的要求其实很低，不需要支付这么昂贵的价格。"发生这种事情时，我们没有必要非得强调我们的价格定得多么合理，这样容易发生口角，伤害与客户之间的感情而又无济于事。你可以换一种方法用柔和的语气说："我能理解您此时的感受，××先生，在××公司工作的B先生给我们寄来了感谢信，他说到我们公司产品的一些优点，如果您需要，我可以给您看一看他给我们的来信。"这时，毕竟客户也处在犹豫不决的时刻，他也希望有成功应用该产品的案例。

人们在购买商品时，常常有模仿他人的举动，懂得谈判技巧的人都会利用这一点。商场营业员对客户说："买这种型号电冰箱的人挺多，我们平均每天要销出50多台，旺季时还需预订才能买到现货。"

家具厂厂长对采购员介绍本厂市场销售情况："这个月到今天为止，我厂已同100多家用户签订了供货合同，他们有来自本地的，也有远道从外省赶来的。瞧！这就是他们的订货合同。"

客户在购买商品之前，会对商品持有一定怀疑态度，但对于有人使用并具有相当好处的物品，客户就比较放心和偏好。在谈判时有效利用这一点，会大大提高业务效率，因为借助于已成交的一批客户去吸引潜在客户，无疑增强了销售论证的说服力。尤其是已成交的客户是非常知名的人物时，你的说服就更加有力量了。

乔思转行成为一家珠宝店的销售员，有一次，他到北方一个小城去销售玉镯，当时很多人都笑话他，因为那个地方的人终年都穿着长袖，手臂很少外露，所以，那个地方的人并没有戴玉镯的习惯和喜好，到那里去卖玉镯手链这样的装饰品，他的大脑肯定有问题。

刚好当时有一位著名歌手到这个城市演出，他灵机一动，通过关系，送了那位大歌星一对玉镯，唯一的要求就是在演出的时候，一定要戴上。在演出场上，皓臂玉镯相得益彰，一下子吸引了不少人的兴趣。而且，在演出中，那位明星更换了多套衣服，有长袖也有短袖，但她一直戴着那对玉镯，而无论她穿什么样的衣服，玉镯的光芒总是忽隐忽现地露出来。

接下来，他的销售工作开始了，事实上，已经开始一大半了，因为他在销售时说："瞧，那晚××歌手演出时戴的就是这对玉镯，相信你戴上也能和她一样美丽动人。"

很快，那座城市掀起了一阵佩戴玉镯的风气，乔思的销售工作自然也获得了巨大成功。

在谈判中善用榜样，那种离现实生活不太遥远的榜样更要利用起来，比如顾客认识的人，甚至是他的亲戚、他的邻居。

一位图书公司销售员对客户说："王主任，你认识县商业局的教育科长老李吗？他刚从我这里买去500本书，我想你们县物资局跟他们那儿情况差不多，也迫切需要有关市场经营与企业管理方面的书籍，你说是吗？"

一位销售家用小电表的促销员向客户介绍产品时，总是这样开头的："我看你邻居家安装的就是这种型号的电表，可省电啦！"无论这笔生意是否谈成，这样的宣传旁证在客户心目中都会留下很深的印象，自然会对销售的产品留意。

现实生活中的榜样太多了，你应该多用心去发掘，必要时候就把他们"抬"出来，因为他们的说服力比你直接费唇舌要强得多。

第三章

察言观色，捕捉心理动向

察人识人，才能判断人

提到曾国藩，想必大家都不陌生。他是清末著名的军事家、政治家和理学家，学术造诣极深，一生著述颇丰，其中《曾国藩家书》流传最广，影响最大。其实，曾国藩之所以能够取得如此成就，一方面因为他天资聪颖且刻苦修身，另一方面与他的精于识人、知人善任也密不可分。

曾国藩在其著作中，不止一次提到识人之术。其中，《冰鉴》对该方面的叙述最为详细。《冰鉴》“神骨篇”中写道：“脱谷为糠，其髓斯存……山骞不崩，唯石为镇……一身精神，具乎两目；一身骨相，具乎面部……开门见山，此为第一。”意思是：“去掉稻谷的外壳，就是谷糠，但稻谷的精华仍然存在着……山岳不会倒塌破碎，因为它的主体部分是岩石……一个人的精神状态，主要集中在他的两只眼睛里；一个人的骨骼丰俊，主要集中在他的一张面孔上。可见，精神和骨骼是观人的第一要诀。”

所谓的“神”，通常发自于我们的内心，可以通过眼睛透露出来。

眼睛清澈透亮，眼神端正，表明其人精力充沛，健康状况良好，同时内心坦荡、态度诚恳。

眼睛昏暗闪烁，目光游离，表明其人疲劳，或者内心有事，抑或心术不正。

眼睛喜欢朝上的人，内心一定傲气。

眼睛朝下的人，一定喜欢算计，喜欢经常思考问题。

眼睛斜视的人多半心中有鬼。

眼睛较小，眼白较多，表明其人心思细腻，性情变化不定，做事情往往不循常规，与人交往比较功利。

眼睛大而明亮，眼球凸，表情其人个性强、智商高。

双眼比较对称，面部器官比较和谐，表明其人做事中规中矩，往往容易成功。

眼窝较深，眼神坚毅，这类人大多智虑较深，经历的挫折也比较多。

说完“神”，我们再来谈谈“骨”。曾国藩谈到的“骨”，不是指人体的全部骨骼，而是专指与“神”相配，能够传“神”的头部和面部的骨骼。这些骨主要指天庭骨、枕骨、顶骨、佐串骨、太阳骨、眉骨、鼻骨、颧骨和项骨九种骨，后人将曾国藩这种鉴骨识人的艺术称之为“曾氏九骨识人法”。如果天庭骨丰隆饱满；枕骨充实显露；顶骨平正而突兀；佐串骨像角一样斜斜而上，直入发际；太阳骨直线上升；眉骨骨棱显而不露，隐隐约约像犀角平伏在那里；鼻骨状如芦笋竹芽，挺直而起；颧骨有力有势，又不陷不露；项骨平伏厚实，又约显约露，表示九骨完美。

通常，看头部的骨相，主要看天庭骨、枕骨、太阳骨这三处关键部位；看面部的骨相，则主要看眉骨、颧骨这两处关键部分。如果以上五种骨相完美无缺，此人一定是国家的栋梁之才；如果能具备其中的四种，此人一定会显贵；如果能具备其中的三种，此人只要有所作为，就会发达起来；如果能具备其中的两种，此人便终生不会卑贱；如果只具备其中的一种，此人便终生不会贫穷。

由于人的“神”直接反映心理状态，而“骨”更多地与先天资质有关，即使外貌有损伤，但骨相不会改变，因此通过两者足以判断人的显达，也是真正的察人、识人者应该掌握的。

相由心生，观察脸型知人心

随着我们逐渐成长，我们的行为和态度，便会慢慢在脸上烙下印记。有些人笑纹很深，有些人嘴角永远下垂——无论有什么样的特色，人的脸不仅仅记载了其过去，而且还勾勒出了其美好的未来。所以，我们可以通过观察人的脸型，来了解对方的内心，助我们在谈判中取得预期效果。

1. 圆脸

这类人的脸平滑舒展，没有凸出的脸颊来破坏整体的形象。这种人为人谦恭有礼，懂得均衡的道理。有时候他们可能会退避三舍，不愿意面对那些想利用他们慈悲天性的人。

2. 椭圆形脸

这类人拥有与生俱来的优雅气质。他们最吸引人的地方，是他们的光彩、魅力和令人愉悦的微笑。但需要注意的是，椭圆形脸的人好强、性急、精力充沛、善妒善怒，很懂得推销自己，同时也是不折不扣的强硬派。

3. 方形脸

这类人有一张运动员的脸，坚强、高傲、有决断力，是那种可以果断做决定，同时不必费多大精力就可以说服他人一起行动的人。他们可能不是世界上最聪明的人，但却是事情进步的主要动力。他们的性格刚正不阿、冷静固执，但遇事不善变通。

4. 三角形脸

三角形脸，又分为正三角形和倒三角形。通常正三角形脸的人，比较老实、努力；而倒三角形脸的人，则比较滑头、点子多，虽行动力较强，但耐力不够。

5. 中字形脸

这种脸形因为颧骨突出，所以也属于菱形脸。这类人性格坚韧不拔、不屈不挠，但也时常怨天尤人。

6. 瘦长脸

这种脸也称马脸。一般而言，他们和蔼可亲，思想成熟稳健，但很敏感，经常多愁善感，甚至会出现厌倦人世的情绪。

7. 蛋形脸

蛋形脸又分为上尖形和下尖形。上尖形的人是脚踏实地、勤奋肯干型的；而下尖形的人，则常爱耍嘴皮子，把话说得天花乱坠，却从不会付诸行动。

8. 水桶形脸

这种脸有点像人们平常所说的鹅蛋脸，额头宽，然后越来越窄，下巴虽小，但比较浑圆。这类人性格沉稳、头脑灵活、富有创造力，但很自负，经常让人捉摸不定。

9. 王字形脸

这种脸形有明显突出的额头、颧骨和下巴。他们个性好强、自负，喜欢领导别人，但也容易记恨，时常误人误己。

10. 小脸

这种人往往遵循传统、保守内向、拘谨胆小、安于现状、不敢有所突破，总在利弊的权衡之间跌来撞去。他们的成功多体现为一种“巧合”式的惊喜，几乎全在意料之外。

11. 大脸

这类人八面玲珑、人际关系良好、处事圆滑，但生活奢侈、虚荣心强。他们是很好的政治人才，但往往会因为外界的诱惑而影响前途。

常言道，“相由心生”。我们在试图了解他人性情和内心的时候，尤其是还不熟识彼此的情况下，根据对方的脸型来进行判断，未尝不是一个绝佳的选择。

从习惯动作看透他人本性

在日常生活中，我们几乎都会自然而然地产生并形成一些具有特定意义的小动作，即所谓的“习惯动作”。

心理学认为，这些动作普遍具有很强的稳定性，一旦形成，我们通常会一直随身携带，很难一下子改过来。也正因如此，我们可以通过这些习惯动作，去观察、了解和认识谈判对象的心理与性格。

1. 手插裤兜

双脚自然站立，双手插在裤兜里，时不时取出来又插进去，这种人的性格比较谨小慎微，凡事思虑再三仍难以决断和行动。在工作中他们最缺乏灵活性，往往用笨办法去解决很多问题。他们往往无法承受突如其来的失败或打击，身处逆境时，往往会垂头丧气、怨天尤人。

2. 双手后背

两脚并拢或自然站立，双手背在背后，这种人大多在感情上比较急躁，但他们与人交往时，关系处得比较融洽，其中可能较大的原因是他们很少对别人说“不”。许多有过军旅生涯的人对双手后背这个动作可能比较熟悉。

3. 双手叉腰

这种人是急性子，总希望用最少的时间、经过最短的距离来达到自己的目标。他们突然爆发的精力常是在他计划下一步决定性的行动时，看似沉寂的一段时间内所产生的。

4. 摊开双手

摊开双手，是大多数人表示真诚与公开的一个常用姿势。意大利人毫无拘束地使用这种姿势，当他们受挫时，便将摊开的手放在胸前，做出“你要我怎么办”的姿态。他们做的事情出现了坏的现象，别人提出来，而他们摊开双手，表示他们自己也没有办法解决，一副无可奈何的样子。

5. 经常摇头

经常摇头或点头以示自己对某件事情看法的肯定或否定。他们在社交场合很会表现自己，看似左右逢源，却时常遭到别人的厌恶，引起别人的不愉快。此外，经常摇头或点头的人，自我意识强烈，工作积极，看准了一件事情就会努力去做，不达目的誓不罢休。

6. 触摸头发

这种人个性突出，性格鲜明，爱憎分明，尤其疾恶如仇。他们经常做一些冒险的事情，爱把人当作调侃的对象。这些人当中有的缺乏内涵修养，但他们特别会处理人际关系，处事大方并善于捕捉机会。

7. 拍打头部

拍打头部这个动作往往用来是表示对某件事情突然有了新的认识，比如说刚才还陷入困境，现在则走出了迷雾，找到了处理事情的办法。有的人会拍自己的后脑勺，这表明他们非常敬业，拍打后脑勺只是想放松一下。

8. 手摸颈后

当一个人习惯用手摸颈后时，往往是因为出现了恼恨或懊悔等负面情绪。这个姿势被称为“防卫式的攻击姿态”，在遇到危险时，人们常常会不由自主地用手护住脑后，但在防卫式的攻击姿势中，他们的防卫是伪装，结果手没有放到脑后，而是放到了颈后。如果一个女人伸手向后，撩起头发，这表明她只是以此来掩饰自己内心的不快。

9. 拍打掌心

与人谈话时，只要他动嘴，一定会有一个手部动作，比如相互拍打掌心、伸出拳头、摆动手指等等，表示对他说话内容的强调。这种人做事果断、雷厉风行、自信心强，习惯于把自己在任何场合都塑造成一个“领袖”人物，性格大都属于外向型，很有一种男子汉的气派。

10. 抖动腿脚

喜欢用腿或脚尖使整个腿部颤动，有时候还用脚尖磕打脚尖或者以脚掌拍打地面，这种人有自恋倾向，性格较保守，很少考虑别人，凡事从利己主义出发，尤其是对妻子的占有欲望特别强。

11. 吐烟圈

这种人突出的特点是与别人谈话时，总是凝神地看着对方，支配欲望强，不喜欢受约束，为人比较慷慨、重情义，因此他们周围总是包围着一群相干和不相干的人。积极自信的人多半会把烟圈向上吐，而消极多疑的人多半会把烟圈向下吐。

12. 解开外衣纽扣

这种人的内心真诚友善，他在陌生人面前表达这种思想时，最直接的动作便是解开外衣的纽扣，甚至脱掉外衣。

心理学家莱恩德曾说过：“人们日常做出的各种习惯行为，

实际反映了客观情况与他们的性格间的一种特殊的对应变化关系。”每个人的举手投足都反映了他的心态和性格特征。我们在谈判中要学会留心观察，去捕捉那些谈判对象习以为常的动作，从而了解真实的对方。

色眼识人，了解心理动向

FPA（Focus Personality Analysis）是以美国行为心理学家弗洛伦斯·莉托创建的性格雏形为基本架构，不断发展的一套性格分析系统。该系统将人们的性格分为：红色、蓝色、黄色、绿色。

通过性格色彩看人，更为直观。知道一个人是什么色彩的人格，可以加深对他行为的了解，能在双方交往过程中恰当地投其所好。怎样从一群人中认出红色性格的人？怎样知道你的老板是蓝色人格还是黄色人格？听起来这似乎很难，其实不然。不同性格色彩的人有不同的处事方式、行为特色。下面就来看看四色人格都有什么特点，练就你过人的识人本领，让自己成为色彩性格专家，在谈判桌上增加你的获胜筹码。

1.红色性格者

红色是朝阳，是热血，是火焰，代表了热情、积极、希望、忠诚、兴奋、活泼、充实等充满活力的字眼。

拥有红色性格的人，性格开朗，喜欢交朋友，乐于接受生活的变化，有很强的创新意识，有足够的想象力和饱满的热情。他们充满童心，而且心中总是洋溢着梦想，即使白发斑斑也对生活充满兴趣。他们总能用真诚和信任感染周围的人。

例如，几个男孩同时站在我们面前，大家往往能轻易认出其中的红色性格者。他多会穿着一件皱巴巴的T恤，毫不介意地露出爽朗的笑容，膝盖上还可能有上午踢足球时沾上的泥土与草屑。再如，选择一个红色性格者给饮料做广告，不要犯愁他到底是适合诠释可口可乐，还是适合演绎茉莉绿茶——想想吧，让一个热力飞扬的红色性格者，手持一瓶绿茶恬静地站在茉莉花田里，是多么不搭调。

2. 黄色性格者

黄色易让人联想到辉煌、希望、功名、健康、光辉、透明、活泼、光明，等等，充满华贵与威严。

拥有黄色性格的人，坚定而自信，敢说敢做，是永不言败的一类人物。在他们眼里，人生之路不是蜿蜒向前的小径，而是层峦叠嶂的高山。他们会征服人生中一个又一个高度，最终达到可以傲视群雄、纵览天下的顶端。他们天生有一种控制的欲望，敢于与一切阻挠前进之路的力量斗争。不过，他们也深知为了达到目的需要付出一定的代价，能忍受其他人所不能忍受的屈辱和压力。

3. 蓝色性格者

蓝色是冷色调，表示冷淡、理智、高深、安静。

拥有蓝色性格的人，情感细腻，对人体贴入微。他们如海洋般深刻而有内涵，忠于感情，忠于朋友，能给身边的人带来安全感。不过，他们的蓝色性情中还有着工业时代惯有的冷漠。当然，这并不是说他们没有生活的热情，而是他们习惯一切有条不紊，所有的事情都有板有眼，如同机械齿轮般，每一次转动都有精确的尺度。

4. 绿色性格者

在广袤的大地上，绿色是最常见的颜色。绿色有和平、生命、青春、安详、新鲜的意义，是一种和缓宁静的色调。它代表了自然的勃勃生机与温和包容的个性。

拥有绿色性格的人，淡定低调，使人能在他们身上找到中国人自古恪守的中庸之道的影子。他们有温和的天性，柔和的性格，不喜欢与人相争，事事尽量避免冲突。他们就如一池春水，清风拂过只能掀起柔美的涟漪。你不要试图在绿色性格者心中掀起狂风大浪，那注定是无意义的尝试。因为他们能用宽容开放的心态看待一切事情，处变不惊，一笑置之。

如果我们能看到憨豆先生表演，那个笑得前仰后合手舞足蹈的肯定是一个红色性格者，而那个弯着眼睛露出猫一般恬淡微笑的家伙，十有八九是一个绿色性格者。

需要注意的是，人的性格是复杂的，因此一个人绝不可能仅仅只受一种色彩支配，四种色彩的综合才是对性格最完整的描述，只不过通常其中的一或两种色彩占主导位置。

打量着装偏好，识别对方心理

西方有句俗话，“你就是你所穿的”。因为，服装除了能帮助人们驱寒蔽体，也是展现自己风姿和特色的媒介。它们能够向他人无声地传递你的社会地位、个性、职业、教养等信息。所以，任何人都不应小看衣装的作用。

例如，在不同的职业、社会地位的小群体中，人们会根据服装将彼此区分开来。而人们也会很自然地要求着装要与自己的职位相匹配。就像众人的印象中，一位办公室的文职人员，应当穿着白领正装，而不是短裤和T恤。

其实，从心理学的角度，不同的服装往往能够反映出着装者的不同心理与性情。

1. 喜欢单一颜色服装的人

这类人性情多正直、刚强，且善于理性思考。通常，一个人选择的单一颜色越深，其性情越沉默、稳重，且有城府，往往让人有些琢磨不定。喜欢单一颜色服装的人做事前会详细考虑，并在想好后突然出击，带给人意外之举。

2. 喜欢简单朴素服装的人

这类人性情沉稳、简单自然，待人真诚热情。他们在生活和工作中都非常踏实、肯干，并且勤奋好学，遇到问题常常能表现得客观、理智。不过，如果是过度朴素，则说明这种人对待自己很吝啬，缺乏对自己的关爱和主体意识，而且很容易屈服于别人。

3. 喜欢穿同一款式服装的人

这类人个性鲜明、爽朗正直。他们做事很自信、干脆利落，并且爱恨分明。他们时刻遵守自己的承诺，一旦对他人应允什么，就一定要竭尽全力去完成。他们的缺点是清高自傲，容易孤芳自赏。有时候会自以为是，与他人之间产生矛盾。

4. 喜欢宽松自然服装的人

这类人着装不讲究剪裁是否合身、款式如何，只是追求穿着舒适。他们多是内向的性格，有时显得非常孤独。虽然他们很想与他人交往，但是往往会因遇到一些困难而后退，在人际交往中，绝不是顺风顺水的那一个。他们的性格中，害羞、胆怯的成分比较多，不容易接近别人，也不易被人接近。然而，他们一旦有了朋友，一定是会非常要好的。

5. 喜欢穿长袖服装的人

这类人总希望用长袖衣衫遮挡自己的身体，若不是身体上有缺陷需要遮掩，则说明其是非常传统和保守的人。他们为人处世一向循规蹈矩，从来不会跨出传统礼节半步。他们缺乏冒险精神，但又希望能收获名利，所以其人生理想往往会定得很高，结果却很难实现。

在与谈判对象接触的过程中，当我们不了解对方时，不妨观察一下他的衣着，这往往是我们走进对方内心世界的有效途径之一。

签名：人性格的一面镜子

名字是一个人的身份代号。时至今日，人们的交际圈越来越大，交际活动也越来越频繁，亮出自己名字的机会也越来越多，于是签名成为人们一项重要的交际内容。

虽然签名有美有丑，有大气的也有小气的，千姿百态，但从心理学角度讲，它就是人性格的一面镜子。所以，通过一个签名，我们不仅能获得签名者的个人信息，还能对他的性格大致有所了解。

1. 名字向上的人

签名向上的人一般都是有雄心壮志的人。他们不畏辛劳，坚定、执着地朝着自己的理想前进，积极向上，会想尽办法战胜眼前的困难。他们喜欢荣誉和鲜花，非常热衷对世间的一切享受，这也是他们不懈努力的最终结果。他们可以成就大的事业，同样也会将灾难降临到别人的头上。

2. 名字向下的人

签名向下的人通常都是消极的等待者或妥协者，总是一副有气无力的样子，犹如大病初愈，又好像历尽了沧桑和磨砺一样。他们自信心不足，不敢设计未来的理想，见到别人取得荣誉，虽然有时也会热血沸腾，但转眼间又随波逐流了。

3. 名字向左的人

签名向左的人一般不喜欢按照常规办事，喜欢创新和追求不同凡响。如果他们喜欢某个人，就会冷酷到底；如果厌恶某个人，则会热情周到。他们喜欢表现自我，在陌生人面前直言不讳，他们认真诚恳而又不失幽默的表现往往会获得大众的喜欢。

4. 名字向右的人

签名向右的人普遍信心十足，热情洋溢，积极向上。他们总是一副充满朝气、和蔼亲切的样子，在人际交往过程当中经常主动向别人靠拢，别人也会笑脸相迎，和他们愉快地交谈。但这并不是他们成为社交高手的主要原因，他们真正高明之处是“醉翁之意不在酒”，在交往的时候表面热心参与，而实际上置身事外，对全局进行缜密的观察和了解，别人的一举一动几乎都逃不过他们的眼睛，所有的发展变化都在他们的掌控当中。

5. 名字写得很大的人

名字写得特别大的人表现欲望强烈，喜欢招摇；注重表面文章，总是将非常多的精力用到穿着打扮上，希望给人留下良好的视觉感受，但不会让人对他们念念不忘，因为他们没有办法打动他人的内心。他们总喜欢将众多的任务揽于一身，但是他们的工作成绩会表现出他们的真实面目，那就是他们能力有限，遇到困难显得软弱无能，更有甚者无法有始有终，所以他们没有成就大事的可能。

6. 名字写得很小的人

他们的性格与签名特别大的人截然不同，不喜欢在大庭广众下抛头露面，引人注意，既不积极用特别的外表吸引别人的注意力，也不主动向别人打招呼和表示什么。他们对自己没有足够的信心，工作上的表现虽然不是十分主动，但属于自己的工作都能集中精力来完成，没有很强的功利心，喜欢平淡的生活。

当我们初次与谈判对象打交道的时候，如果有机会瞄一眼对方的签名，便可以大体摸清对方的性情。正所谓“知己知彼，百战不殆”，这对我们下一步如何与对方进行有效交流大有帮助。

投石问路，让对方自掀底牌

啄木鸟在吃小虫之前，总是先用它尖长的喙试探一下何处有虫，再行啄食。这种主动试探、积极观察的方法，在谈判时也尤为适用。

魏武侯有一次请教善于用兵的大军事家吴起有关探知敌情的问题时问道：“和敌军对阵之时，如果不明敌情，应该采取什么策略？”

吴起答道：“应该采取诱敌之策。当两军交锋的时候，我们先虚应一下，然后退下阵来，借此机会观察敌军反应。如果敌军仍然阵容严整，不轻易追赶的话，表示敌军将领很有智慧；相反的，如果他们一点也没有纪律地追赶的话，就显示出这个将领是愚笨无能的。”

这是《孙吴兵法》上记载的有关看破敌人内幕的方法。其实，对于虚伪不实的人，要判别他的行为，使用这种方法极为有效。

有一次，楚国屈原回到自己的故乡选拔人才。考试之后，他发现有99个人的考卷成绩相同，都应列为头名，只有一个人稍差，可以列为第二。这样一来，仅头名二名加起来就有100人。

屈原知道这是考题泄密，于是决定进行复试。屈原宣布：“现在正是谷雨季节，你们每人带一点谷种回去，秋后以收获的谷子的数量为准。”随后，分给每人谷种100颗。秋后交卷时，99个头名都让家人背筐挑担，争着多交谷子，只有那个考第二名的农家小伙子，捧着一个小土罐，最后一个来到府门。屈原逐个检验每个人的成绩，他看到那成筐成担的谷子时，脸色阴沉沉的，当看到青年农民的小土罐时，眼睛一亮，兴奋地问：“你一共收了多少颗谷子？”小伙子不安地回答说：“900多颗，您发的谷种有97颗不发芽，只有3颗能打粮食。”那99个头名听到这里，“哄”的一声大笑起来。屈原却严肃地大声说：“这个青年最诚实，他是这次当选的唯一贤才。我发给每人的谷种都有97颗煮熟的，你们却都交来这么多谷子，显然是假的。”

不难看出，屈原别出心裁地用3颗谷种辨出了贤才，显然这种行为反馈试探是成功的。这是试探“诚”的事例。

概括地讲，试探人的方法虽有很多，但相对来说，简单而又行之有效的，主要有八种。

（1）直截了当地询问，从他对事情了解的程度来判断。

（2）追根究底，层层逼问，看他的反应如何。

（3）让不相干的人从侧面探寻，观察他的反应。

（4）把秘密泄露给他，从他的反应观察人格。

（5）将经济重任托付给他，从旁观察他的为人。

（6）以美色试探，从他的直接反应观察他的品德。

（7）用艰难的工作试探他的勇气。

（8）劝他喝酒，利用酒醉之时，试探他的真意。

需要注意的是，在使用反馈试探法的时候，不要耍花招，否则可能弄巧成拙。因为谈判过程中的人际关系是相互的，在你试探别人的时候，也有被对方试探的可能。千万不可忘记，被你试探的对象也有眼睛，他也可以实施相应的措施，所以一定要注意保密性，不能让对方看出来。

不要让对方发觉你已读懂他的心

齐国一位名叫隰斯弥的官员，住宅正巧和齐国权贵田常的官邸相邻。田常为人深具野心，后来欺君叛国，挟持君王，自任宰相执掌大权。隰斯弥虽然怀疑田常居心叵测，不过依然保持常态，不露声色。一天，隰斯弥前往田常府第进行礼节性的拜访，以表示敬意。田常依照常礼接待他之后，破例带他到邸中的高楼上观赏风光。隰斯弥站在高楼上向四面眺望，东、西、北三面的景致都能够一览无遗，唯独南面视线被隰斯弥院中的大树所阻碍，于是隰斯弥明白了田常带他上高楼的用意。隰斯弥回到家中，立刻命人砍掉那棵阻碍视线的大树。正当工人开始砍伐大树的时候，隰斯弥突然又命令工人立刻停止砍树。家人感觉奇怪，于是请问究竟。隰斯弥回答道："俗话说'知渊中鱼者不祥'，意思就是能看透别人的秘密，并不是好事。现在田常正在图谋大事，就怕别人看穿他的意图，如果我按照田常的暗示，砍掉那棵树，只会让田常感觉我机智过人，对我自身的安危有害而无益。不砍树的话，他顶多对我有些埋怨，嫌我不能善解人意，但还不致招来杀身大祸，所以，我还是装着不明白，以求保全性命。"

这一段故事告诉我们，知道得太多会惹祸，要学会装糊涂，这也是中国古代一种明哲保身之策。现代的谈判读心术也强调注意此点，不要让对方发觉你已经知道了他的秘密，否则就完全失去了透视人心的意义。如果故意要使对方知道你能看穿他心意的话，当然就不在此限之内。

在谈判的过程中，如果被别人发现你已读懂了他的心，那么，你不仅会失去操控对方的机会，反而容易陷入对方的掌控之中。

秦国曾有一位非常能干的宰相，名叫应侯，他擅弄权术，又极具才华，当政时采取的一系列政策，奠定了后来秦国统一天下的基础。应侯曾有一块封地汝南，在一次战争中被韩国夺走。秦昭襄王同情应侯，问他说："你失去了封地是否忧愁？""我不忧愁。"

"为什么呢？"

"梁国有个叫东门吴的人，他的儿子死了他却不忧愁。他的管家说：'您这样疼爱您的儿子，天下少有，如今儿子死了，怎么不忧愁呢？'东门吴说：'我原是无子之人，没有儿子时，我不忧愁；现在儿子死了，就和没生儿子一样了，我又有什么可忧愁的呢？'我当初是平民之子，为平民之子时不忧愁；现在失去了汝南，也和失子的梁国平民一样，我为什么要忧愁呢？"

秦王认为这不是心里话，就对大将军蒙傲说："现在，我若有一个城邑被围困，就连吃饮也不觉有香味，躺着也不能安眠。现在应侯失去了封地却说不愁，这难道是真情话吗？"

蒙傲说："请让我试探一下他的真情。"

蒙傲于是去见应侯，说道："我想死。"

应侯说："你说的什么话啊？"

蒙傲说："秦王尊您为师长，天下人所共知。如今我作为秦王的将领率领着秦兵，我原以为韩国是个小国，没想到它竟敢违逆秦国的命令，夺走了您的封地，我活着还有什么意思，不如死了算了。”

应侯听后，立即向蒙傲下拜道：“这件事便全拜托给您了。”

蒙傲把应侯的话回报给秦昭襄王。从此之后，应侯每谈到韩国的事情，秦王都不听信，总认为这是他为了夺回汝南的封地所说的话。

所以，与人谈判中，对对方自以为得意的事情，我们要尽量加以赞扬；对方有可耻事情的时候，我们要忘掉不提。当对方因为怕被别人议论为自私而不敢放手去做的时候，应该给他冠上一个大义名分，使他具有信心放手去做。谈判时考虑对方的立场，在避免刺激对方的情况下发表个人的辩才，对方就会比较高兴地接受你的意见。

说得更明白一点，就是在不使对方洞察你意图的情况下，让对方在不知不觉中自己去体会、认识。其间的技巧，就在于从旁策动，使对方以为自己原来就打算这样做，丝毫没有发觉自己正被他人所左右。

总而言之，当自己看穿对方心意之后，千万不要露出破绽，要让一切计划进行得很自然，这样才能使你的谈判策略实行得圆满顺利。

第四章

性格心理，反映对手谈判特点

在对手的性格上做足文章

一次，日本销售大师夏目志郎去拜访一位绰号叫“老顽固”的董事长。不管夏目志郎怎么滔滔不绝，怎么巧舌如簧，他就是三缄其口，毫无反应。

夏目志郎也是第一次接触到这样的客人，于是，他用起了激将法。

夏目志郎故作冷漠地说：“把您介绍给我的人说得一点没错，您任性、冷酷、严格、没有朋友。”

这时，这位董事长面颊变红了，眼望着夏目志郎开始有反应了。

夏目志郎继续说：“我研究过心理学，依我的观察，您是面恶心善、寂寞而软弱的人，您想以冷淡和严肃筑起一道墙来防止外人侵入。”

这时，董事长第一次露出了笑脸。“我是个软弱的人，很多时候我无法控制自己的情绪。我今年73岁了，创业成功50年，我是第一次见到像你这样直言不讳的人，你有个性。是的，我拒绝别人，是为了保护自己，不让别人靠近我身边。”

“我想这是不对的。您知道中国汉字中的‘人’字是怎么写的吗？‘人’这个字，包含着人与人之间相互支持与信赖的意思，任何生意都从人与人的交往产生。人无须伪装，虚伪的面具会使内容变质。”他们越聊越投机，最后成了好朋友，当然也成了客户。

在谈判时，我们既要尊重谈判对手，也要以平等身份来处理双方关系，只有像朋友一样对待对方，你们才可能达成各自的谈判目的。

布莱恩·迈耶，1940年出生于美国华盛顿哥伦比亚特区，1962年大学毕业后进入一家贸易公司任区域销售总裁，3年后离职转入保险销售业。由于广阔的人际网络，布莱恩的销售业绩直线上升，1972年正式成为美国百万圆桌协会会员。

布莱恩在销售过程中总是尽力地鼓励和关心客户，使客户感到一种温馨，把他当成知心朋友，这对他的销售工作起到了积极的作用。十几年来，他因业务关系而结识的朋友不下数百人，而且大部分都保持联系，这又为他的销售起到不可估量的推动作用。

有一次布莱恩去拜访一位年轻的律师，他对布莱恩的介绍和说明丝毫不感兴趣，对布莱恩本人也显得格外的冷漠。但布莱恩在临离开他的事务所时不经意说出来一句话，却意外地使他的态度来了个180度大转弯。

“巴恩斯先生，我相信将来你一定能成为这一行业中最出色的律师，我以后绝对不再随便打扰你，但是如果你不介意的话，我希望能和你保持联系。”

这位年轻的律师马上反问他：“你说我会成为这一行最出色的律师，这可不敢当，阁下有什么指教呢？”

布莱恩非常平静地对他说：“几个星期前，我听过你的演讲。我认为那次演讲非常精彩，可以说是我听过的最出色的演讲之一。这不仅仅是我一个人的看法，出席大会的其他会员也这样评价你。”

这些话听得巴恩斯眉飞色舞，兴奋异常。布莱恩早已看出来，于是乘胜追击，不失时机地向他“请教”如何在公众面前能有这样精彩的演讲。他兴致勃勃地跟布莱恩大讲了一堆演讲的秘诀。

当布莱恩离开他的办公室时，他叫住布莱恩说：“布莱恩先生，有空的时候希望你能再来这里，跟我聊聊。”

没几年时间，年轻的巴恩斯果然在费城开了一间自己的律师事务所，成为费城少有的几位杰出律师之一。而布莱恩则一直和他保持着非常密切的往来。跟巴恩斯交往的那些年里，布莱恩时时不忘告诉他自己对他的崇敬与信心，而他也时时不断地拿他的成就与布莱恩分享。

布莱恩深以朋友的杰出成就为荣，不止一次地对他说：“我早就看出你一定会成为费城最好的大律师。”在巴恩斯的事业蒸蒸日上的同时，布莱恩卖给他的保险也与日俱增，他们不但成了最要好的朋友，而且通过巴恩斯的牵线搭桥，布莱恩结识了不少社会名流，为他的销售赢得了许多有价值的潜在客户。

就谈判本身而言，平庸的谈判人员总是会按照自己的性格与谈判对手打交道，而优秀的谈判人员总是会利用谈判对手的性格进行沟通。性格无对错之分，无优劣之分，但可以肯定的是，任何性格都会有弱点，都会有所喜好、有所厌恶。如果不能对谈判对手的性格进行充分把握，沟通就会变得极其困难。因此我们在谈判的过程中，一定要在如何利用谈判对手的性格上下足功夫。

不妨把对手性格分分类型

许多谈判人员把“你希望别人怎样待你，你就怎样对待别人”视为谈判的黄金准则。问题是，谈判人员的性格和处事方式并非与谈判对手完全一样，谈判人员按照自己喜欢的方式对待对方，有时会令对方不愉快，从而给谈判取得成功投上阴影。谈判人员在面对谈判对手时，必须清楚地了解自己和对方的行为方式是什么。这就要求谈判人员在谈判中及时分析对手的性格以便应对。

为了方便谈判人员判断谈判对手的性格，我们将人的性格特征和行为方式按照行事的节奏和社交能力，分为四种类型，并分别用四种动物来表示。

1. 老鹰型的性格特征

老鹰型的人做事爽快，决策果断，以事实和任务为中心，他们给人的印象是不善于与人打交道。这种人常常会被认为是强权派人物，喜欢支配人和下命令。他们的时间观念很强，讲求高效率，喜欢直入主题，不愿意花时间同人闲聊，讨厌自己的时间被浪费。所以，在同这一类型的谈判对手长时间交谈有一定难度，他们会主动提出自己对事情的看法。

由于他们追求的是高效率，时间观念很强，因此他们考虑的是自己的时间得花得值；他们会想尽办法成为领先的人，希望具有竞争优势，向往第一的感觉；他们需要掌控大局，往往是领袖级人物或总想象自己是领袖级人物。对他们来说，浪费时间和被别人指派做工作，都将是难以接受的。

2. 猫头鹰型的性格特征

猫头鹰型的人很难让人看懂，做事动作缓慢。他们在交流中说话声小而且往往处于被动，不太配合对方的工作。如果对方表现得很热情的话，他们往往会难以接受。

他们喜欢在一种自己可以控制的环境下工作，习惯于毫无创新的守旧的工作方式；他们需要与人建立信任的关系，个人关系、感情、信任、合作对他们很重要；他们喜欢团体活动，希望能加入一些团体，而在这些团体中发挥作用将是他们的梦想。另外要注意，他们不喜欢冒险。

3.鸽子型的性格特征

鸽子型的人友好、镇静，做起事不急不躁，讲话速度适中，音量也不大，音调会有些变化。他们是很好的倾听者，也会很好地配合对方。他们喜欢按程序做事，且以稳妥为重，即使要改革，也是稳中求进。他们往往多疑，安全感不强，在与人发生冲突时会主动让步，在遇到压力时，会趋于附和。

4.孔雀型的性格特征

孔雀型的人基本上也属于做事爽快、决策果断的人。但与老鹰型的人不同的是，他们与人沟通的能力特别强，通常以人为中心，而不是以任务为中心。如果一群人坐在一起，孔雀型的人很容易成为交谈的核心，他们很健谈，通常具有丰富的面部表情。他们喜欢在一种友好的环境下与人交流。社会关系对他们来讲很重要。他们给人的印象一般是平易近人、朴实、容易交往。

孔雀型的人做决策时往往不关注细节，凭感觉做决策，而且速度很快，研究表明，三次的接触就可以使他们下决心。同时，他们也喜欢有新意的东西，那些习以为常、没有创意、重复枯燥的事情往往让他们倒胃口。

如果我们与谈判对手是初次见面，可能对对方的做事方式了解得还不够，那么，声音要素就成了我们在第一时间判断对方性格特征的重要依据。

对方讲话的速度是快还是慢？声音是大还是小？一般来说，老鹰型的人和孔雀型的人讲话声音会大些，速度会快些，而鸽子型和猫头鹰型的人则相反。所以，通过对方讲话的速度和音量可以判断他是属于老鹰型和孔雀型的人，还是鸽子型和猫头鹰型的人。

一般来说，老鹰型和猫头鹰型的人，会让人觉得有些冷淡，不轻易表示热情，谈判人员可能会觉得较难打交道；而孔雀型的人和鸽子型的人则是友好、热情的人。

我们现在已经基本了解了如何识别谈判对手的性格特征，接下来我们如何应对呢？答案就是尽可能地配合对方的性格特征，然后再影响他。举例来说，如果对方的讲话声音很大，我们也要相应提高自己的音量；如果对方的讲话速度很快，我们也要相应提高语速。然后，我们再慢慢恢复到正常的讲话方式，并影响对方也将音量放低或放慢语速。

任何一个谈判对手的性格特征都要先通过分析才能得出结论，分析来源于资料，资料来源于聆听。不同的谈判对手往往具有不同的行为方式和性格特征，这就要求谈判人员需要很好地了解对方的性格，并给对方一种自己同他是同一类人的感觉，这样无疑对谈判是有极大帮助的。

对手的弱点就是最佳突破口

无论是多么完美的人也会有缺点。由此推及谈判上，无论是什么样的谈判，对手都会表现出弱点。一个非常谨慎的人，也偶尔会有冲动的时候；一个非常冲动的人，有时也会在谈判过程中保持理性。因此，谈判人员要具有在瞬间把握对手弱点的能力。

李先生原是吉林人，抗日战争时，由于兵荒马乱，他跟着父母逃难到山东，后来就在山东定居下来，一家人过着非常贫苦的生活。中华人民共和国成立后，李先生一家人投身当地的建设，就再没有回过吉林。

改革开放以后，李先生以敏捷的思维和大胆的投资，创办了一个工厂，经过几年的奋斗与拼搏，已成为全国同行业中的佼佼者。李先生虽已成家立业，但时时刻刻都在想着家乡，想着家乡的人民。现在年龄也大了，总有一种叶落归根的想法，但苦于时间太忙，无法回去。

这时，李先生的家乡为了创办一家特产加工厂，需要一笔不小的资金，当地政府千筹万借，才筹到了总数的1/3，于是就派出一名办事员小徐去找李先生，希望能得到援助。

小徐是政府对外联络办的，为人聪明，善于交际，且很有办法。他看了李先生的详细资料后，就判断李先生这时也有回家乡投资的意向。因此，小徐在既没有任何人员陪同，也没有准备任何礼品的情况下，独自一人前往山东，并且打包票定会筹到款项。

当李先生听到家乡来人时，他在欣喜之余也感到有些惊讶，因为很久没有得到家乡的讯息，突然有人来了，该不会是招摇撞骗之人吧。李先生不由得起了疑心，但出于礼节，他还是同小徐见了面。

小徐一见李先生这种神情，就知道他还未完全相信自己。于是他挑起了家乡的话题，只讲家乡这几十年的风貌变化，他那生动的语言，特别是那浓浓的爱乡之情溢于言表，令李先生深受感动，也将他带回了童年及少年时期，想起了那时的家乡、那里的爷爷奶奶，还有邻里亲戚……很显然，李先生记忆深处的乡情被深深地触动了，蕴藏在心中的那份几十年的思乡情全部流露了出来，欲罢不能。

就这样，经过3个小时的“聊天”，小徐对借钱一事只字未提，只是与李先生犹如放电影一般回忆了家乡的变迁。最后，李先生不但主动提出要为家乡捐款，还答应了与家乡合资办厂的要求。

小徐很聪明，他充分抓住了李先生的心理特点，捕捉到了李先生心中几十年的思乡之情。他利用换位思考，找到了李先生感兴趣的话题，因此，他的成功是意料之中的。

每个人都有弱点，就看你能不能看到并抓住对方的弱点。对方的弱点就是谈判人员进行谈判工作的切入点和突破口，针对对方的弱点进行谈判，一切就变得容易得多。

如何应对咄咄逼人型对手

当发现你所期待的客户不是很好沟通时，你面临的选择区间会变得极为有限。这笔生意你丢不得，可是做这笔生意如果赔了钱，你一样负担不起。对峙会使生意泡汤，可是妥协会吞食掉你的利润。打破僵局的办法是，避开对方的锋芒，引导你的客户走一条双赢的道路。

一个优秀的谈判人员，在面对客户咄咄逼人的压力和拒绝的时候，也能够用各种技巧顺利完成谈判。那么，如何既能够保障自己的利益，又能够促成谈判成功，并为下一次的合作奠定基础呢？这样的商务谈判我们要怎么做呢？又需要注意哪些事宜呢？

1. 做好充分的准备工作

谈判前要做好信息的搜集工作，主要需要搜集两大方面的信息——客户和竞争者。要做好谈判对象的摸底工作，了解他的背景、他的为人、他的谈判风格，等等；还要了解客户的需求、心理、期望，然后做好预算，并了解客户对你所销售产品的了解程度。谈判不仅包括你和客户两方，还存在第三方，即竞争者。所以，在谈判的准备阶段，还要打探清楚同行的信息，比如他们产品的质量、产量、交货期、价格的弹性、服务、维护，等等，还要掌握他们的顾客关系及竞争策略。

2. 主题一定要明确

谈判会令人变得不知所措，客户经常会因为没能取得丝毫进展而沮丧。这时候最关键的就在于保持头脑冷静，注意客户的言语及神态，并且耐心等到其平静时，总结一下谈判所取得的进展。比如，你可以这样说："您瞧，我们在这个上面花的时间也不少了，我们都想要达成一项公平的合作和共识。现在，我们可以回到付款条目上来，看看我们是否能够有所进展。"

3. 要学会利用感情，而不是被感情利用

感情是在谈判过程中建立长久关系的重要因素，但是，你要清楚，你可以发自内心地去使用这种感情策略并影响对方，但是，要尽量不让自己被这种策略影响。当你的客户也深谙感情策略的时候，为了避免自己被利用，要学会三个小技巧：首先，如果对方发感情牌，你可以要求休会，说明需要和上司商议；其次，不要总是点头，保持一副同意客户说法的样子，你要表现得客观，不要给予对方鼓励；最后，你可以明确地说明你对客户的看法和建议，但是，时间要把握好。

4. 把难题往后推

别一开始就和客户发生冲突，这容易让谈判在一开始就很难进行。你需要先营造一种良好的氛围，入手一些比较容易达成共识的问题，这是为了接下去的发展做出一个势头。而且，当你们讨论比较容易解决的问题的时候，你会发现，或者在这个过程中，又会出现一些变量因素，有些因素或许对你是十分有益的。

如何应对个性稳重型对手

与个性稳重的人谈判时，如果你的性子比较急，可能会感到焦虑，这样对谈判工作有害无益。面对这样的人，你需要小心谨慎，无论如何都要配合对方，以博取他们的信任。

谈判人员：“您是否已经清楚地了解了我推荐给您的这种产品的特征？由于我是第一次向您推荐这种产品，因此我怕自己说得不够清楚。”

客户：“我还需要一些时间考虑。”

谈判人员：“是吗？我想也不宜现在就做决定，最好经过深思熟虑再说。还有，我帮您汇集了一些资料，不晓得对您是否有用。”

客户：“是什么？”

谈判人员：“是100家上市公司5年内事务用品经费的统计数字。”

客户：“哦，是这种东西啊？”

谈判人员：“是的，这是很珍贵的资料。它是民间自行做的调查，或许信赖度要打些折扣，不过大致上没错。”

客户：“可否借我一阅？”

谈判人员：“当然，我是特地为您做的调查，相信它可以为您提供帮助。”

个性稳重的人比较精明，他们注意细节、思维缜密、行动迟缓并且个性沉稳、不急躁。这类人会有一些共同之处，如他们珍惜自己的时间，不会轻易地被电话中所说的产品打动；他们直言不讳，提不同意见时，也许会显得粗暴无礼；他们非常固执，甚至过于固执己见；他们属于控制型的人，喜欢用一大堆问题或言辞吓退对方。

对于这种类型的人，无论你如何想方设法来说服他们，如果你无法让他们自己说服自己，他们是不会做出购买决定的。不过，你一旦赢得了他们的信任，他们又会非常坦诚。如果你想引导他们做出有利于你的结论，反而会引起他们的反感。与这种类型的人谈判应遵循以下策略。

第一，配合对方的步调。包括语调和语速的同步，共识的同步，情绪的同步，语言文字的同步。

第二，要使对方自己说服自己。你千万不能为他们做决定，你只能提供做决定的依据。比如，“这套化妆品最大的特点是快速滋润皮肤，而且不伤皮肤。我抽时间为您送去一些赠品，让您试试，实际体验一下。到那时，您再决定该买还是不该买。您看行吗？”

总之，与个性稳重的人谈判要小心谨慎。

如何应对衷于分析型对手

销售员：“美女您好！这是我们最新推出的夏季套装，面料舒服、做工精良。要是您喜欢的话，我给你找个号，您试试？”

顾客：“我已经有了一件类似的衣服了，不用出件新品就买吧？”

销售员：“小姐，我们这件衣服，是限量发行的，您买了是有纪念意义的。而且您气质这么好，和这件衣服简直太搭了。这件衣服穿在您身上，变得更精致动人了。”

顾客：“是我了解我的需要，还是你了解，你以为自己是谁呀？”

销售员：“我不是这个意思。我就是觉得只有您穿上这件衣服，才可以显得这件衣服更高贵……”

顾客：“行了行了，你们这些卖衣服的，除了能添乱还能干什么，月月出新的，月月搞销售，烦不烦啊？没见我正在选吗？总要买性价比最高的嘛。”

销售员：“……”

上述场景中的这位顾客表面上看是一位对产品不感兴趣的顾客，而通过后面的对话可以看出，她是对厂商和产品不能满足顾客最终需求的不满意，她其实是一位分析型的人。分析型的人关注的是细节，不进行一番比较分析，他们绝不轻易做出决定。

相对于那些看上了就买，拿起来就走的爽快客户，分析型的人显得磨磨蹭蹭，甚至婆婆妈妈。买东西左比右比、左挑右选，确定没有任何问题之后才会购买。疑心重、爱挑剔、喜欢分析是这类人最大的特点。

就如同财会工作者，分析型的人做事非常严谨，在做决定前一定要经过仔细的分析。他们注重事实和数据，追求准确度和真实度，更重要的是，他们关注细节，认为细节与品质之间可以画等号。如果你与分析型的人约定面谈，一定要清楚他们要求的时间是很精确的，在他们的脑海中从来不会有模糊的时间概念，他们从不说“午饭之前”这样的模糊概念，而是说“十点半到”。所以，对于产品的数量和价格，分析型的人的要求也往往比较精确，他们不接受模棱两可的概念。

分析型的人非常注重细节，他们比较理智，更相信自己的判断，不会因为一时兴起就决定买或不买，往往是进行翔实的资料分析和论证之后，他们才会做出决定。因此，在谈判时，分析型的人总会慢条斯理，表现得十分谨慎和理智。

在对话时，我们有时候会被分析型的人的挑剔弄得不知所措。实际上，只要我们掌握应对这类人的技巧，他们也不是那么难搞定的。当我们遇到分析型的人时，谈判技巧一定要与分析型的人的特点相吻合。与外向型的人害怕“唠叨”不同，分析型的人喜欢听对方的“唠叨”，他们会从对方介绍的细节中来获取有效的信息，以便做出分析判断。如果对话的一方过于大意，粗枝大叶、含含糊糊、条理不清、言语不准，就无法赢得分析型的人的信任，甚至还会引起他的厌烦。我们对比下面的场景就知道了。

客户挑剔：“你们的品牌也算高档，为什么做工还不是很好呢？你看这边居然还有线头。”

错误回答：“这是正常的。（言语不准）”

错误回答：“这种小问题是难免的。（欲盖弥彰）”

错误回答：“哦，这剪掉就好了，没事的，不影响！（含含糊糊，想蒙混过关）”

错误回答：“现在的衣服都这样，这算是普遍现象了，处理一下就好了。（为自己的服装不好找借口）”

正确回答：“谢谢您告诉我这个状况，我会马上跟公司反映，立即做出调整，真是谢谢您。来，我帮您换一件让您试穿，这边请……（承认事实，并立即给出解决方案）”

正确回答：“不好意思！我马上处理，我先拿另外一件新的让您试穿看看，这边请……（勇于承担责任，立即对问题进行解决）”

面对最挑剔的分析型的人，我们不能莽撞地采取“对抗”的方式。而应该婉转地采用心理学方法，巧妙地将分析型人的耿耿于怀的不满之处转移出去。在与分析型的人的接触过程中，一定要留给他一个好的印象，说话不夸张、不撒谎，也不能强迫对方，因为这样的人往往很有主见，并且追求完美，有着自己的行为信条，不愿意受人左右。总之，分析型的人考虑比较周全，那么我们就应该做到更加周全，只要能在细节上让对方心服口服，交易自然就会成功。

如何应对性格内向型对手

心理学研究发现，相比性格开朗、易于沟通的外向型的人，性格封闭、不易接近的内向型的人感情及思维活动更加倾向于心灵内部，感情比较深沉。他们不善言辞，待人接物小心谨慎，一般情况下他们避免甚至害怕与陌生人接触。虽然内向性格的人比较爱思考，但他们的判断力常常因为过分担心而变弱，甚至优柔寡断。对于新环境或新事物的适应，他们往往需要很长的周期。

由于内向型人对陌生人的态度比较冷漠，且情绪内敛、沉默少言，在沟通过程中也会小心翼翼，甚至久久拿不定主意，使得谈判工作很难有进展。在整个过程中，往往是一方问一句，神情冷漠的内向型的人答一句，不问就不答。交谈的氛围相当的沉闷，想要迅速促成交易往往是很困难的事情。

然而，在面对内向型的人的时候，我们真的就束手无策了吗？有没有什么方法能帮我们打开这些“闷葫芦”的心呢？

答案是肯定的。实际上，内向型的人也没那么难以搞定，我们切勿被内向型的人的外表神情所蒙骗，从而打起退堂鼓。你会发现，虽然内向型的人少言寡语，甚至表面看上去似乎反应迟钝，对一切表现得满不在乎，不会发表任何意见，但实际上他们是在认真地听，并且进行着思考。

其实，内向型的人非常细心，只是因为其性格中对陌生人极强的防御和警惕的本能，使得他们即使很赞同对方的观点，也不会说太多的话。他们嘴上不说，但是心中有数。一旦开口，所提的问题大多很实在、尖锐并且切中要害。

所以，我们对待内向型的人的方法就是，一如既往地温柔对待他们。要细致入微地体验他们敏感多疑的心，理解他们、体谅他们、接近他们，打消他们的质疑。让他们感觉到安全、温暖和踏实，慢慢地取得他们的信赖和依靠感，接下来的事情自然就没有什么大问题了。

王建是某手机超市的销售员。有一天，一位先生来店里看手机，很多当班的柜台销售员都主动跟他打招呼，热情地询问对方需要什么样的手机。每一次被询问，这位先生都只是说自己随便看看，到每个柜台前都是匆匆地浏览一下就迅速离开了。面对着众多销售员的热情询问，这位先生显得有些窘迫，脸涨得通红，转了两圈，觉得没有适合自己的手机，就准备离开了。

这时王建根据经验，判断出该客户是一个比较内向腼腆的人，并且根据观察，王建断定客户心中肯定已经确定了某一品牌的手机，只是由于款式或者价格等问题，或者是由于被刚才那些销售员轮番“轰炸”，弄得有些不知所措而一时失去了主意。

于是，王建很友好地把客户请到自己的柜台前，温和地说：“先生，您是不是看上某款手机，但觉得价格方面不是很合适，如果您喜欢，价格可以给您适当的优惠，先到这边来坐吧，这边比较安静，咱们再聊聊！”客户果然很顺从，王建请他坐下，与他聊起天来。

王建开始并没有直接销售手机，而是用闲聊的方式说起自己曾经买手机，因为不善言辞而出丑的事。他说自己是个比较内向的人，做销售这几年变化比较大。与客户聊了一些这样的话题以后，客户显然对他产生了一定的信任感，于是在不知不觉中主动向王建透露了自己的真实想法。

王建适时地给他推荐了一款适当的机型，并且在价格上也做出了一定的让步，给客户一定的优惠，同时王建还给客户留了自己的电话，保证手机没有质量问题。最后，客户终于放心地购买了自己想要的手机。

其实内向型的人并不是真的冷若冰霜、难以沟通，他们往往只是用冷漠来保护自己，但拥有一颗火热的心。只要他们通过自己的判断觉得你比较诚恳，他们一定也会表达出善意，而双方越熟悉，他们就越会信任你，甚至依赖你。对于缺乏判断力的内向型的人来说，只要他们信任你，他们甚至会让你替他们做决定。而且如果他们对你的产品感到满意，他们就会变成你的忠诚客户，一次次向你购买。因此，利用温柔攻势及切实为对方着想，获取对方的信任是面对内向型的人的制胜法宝。

如何应对性格随和型对手

随和型的人性格温和、态度友善，面对他人的推荐或是介绍时，他们往往会比较配合，不会让人难堪。即使他人的推荐和介绍并不是自己需要的或并不能达到自己的要求，他们也会等待对方介绍完，因为他们喜欢规避冲突和不愉快。

在规避冲突的同时，随和型的人也回避着压力，他们不喜欢被施加压力的感觉，对压力本能地排斥，甚至恐惧。随和型的人最大的缺点就是做事缺乏主见，比较消极被动，总是犹豫不决，很难做出决定。而此时有人如果能够适当给其施加压力，就会迫使他们做出选择。谈判的一方若能够利用这一点，适当地给这种类型的人施加一点压力，就会很快促进交易的成功。当然一定要注意施加压力的方式和尺度，比如以专业自信的言谈给对方积极诚恳的建议，并多多使用肯定性的语言加以鼓励，促使对方尽快做出决定。

一家电脑专卖店进来一位姓张的顾客，导购员刘芳看到顾客进门，忙走过去介绍起一款品牌笔记本电脑，言辞急切，劝说张先生尽快购买。张先生虽然点头称是，并微笑着倾听刘芳的介绍，却并没有购买的意思。

这时另一名导购王刚经过对他们的观察，发现张先生是一个比较随和的人，却缺乏主见。而刘芳急于销售，显然已经让客户有些不舒服了，激起了张先生的逆反心理，对刘芳表示出不信任，所以即使她再苦口婆心地劝说，张先生也是不会购买的。

于是王刚走上前来，礼貌温和地说："张先生，既然您暂时决定不了，不如我带您看看其他品牌的电脑，您可以对比一下，想好之后再做决定。"

张先生很高兴地同意了。王刚耐心地带他看了七八款笔记本电脑，并认真地介绍各款产品的特点。在他选出两种之后，又帮他做了详细的比较分析，最终张先生拿定了主意。鉴于王刚专业而周到的服务，张先生对他非常信任，在这次购买电脑之后，又多次前来光顾。

王刚就是摸清楚了客户的心理，并顺着客户的特征，对其做了积极的引导，最终促成了交易，并在今后依然得到客户的信任。随和型的人表面上看似温和、性子慢、有耐心，但是其内心也是十分固执的，在谈判中，如果我们使劲儿将自己的各种想法、计划往对方怀里推，会让对方非常不舒服并且产生怀疑，我们越热情，对方越拒绝。虽然随和型的人不会大发脾气，夺门而走，却会坚持拒绝到底。

对于随和型的人，狂风骤雨式的狂轰滥炸起不了作用，反而容易引起对方的反感，因为随和型的人害怕压力，不喜欢受到别人的强迫。和这样的人进行谈判，最好的办法就是消除他们的疑虑，用真诚攻破他们的心理防线，使他们没有拒绝的理由，最终水到渠成地促成交易。

如何应对自我中心型对手

每个人都有自尊，并且渴望自己的自尊得到别人的尊重。有这样一个例子：

张总是一家公司的老板，公司的业绩蒸蒸日上，前途一片光明，而他在享受事业发展的同时，却意外发现一个一起长大的朋友正在逐渐疏远他。这位朋友和他一样，当年一起从美院毕业后，也始终在装饰行业里发展，只不过现在张总已经成了老板，而他依然只是一名不起眼的设计师。

张总不想眼睁睁地看着这个朋友远离自己而去。于是他就诚恳地请他全权负责自己公司新接受的一个大项目的设计工作，并且希望朋友能提出自己的见解。在他的诚恳邀请下，这位朋友接受了张总的请求，勤奋地工作起来，还对这个工作提出了一些中肯的意见，然后再把自己设计好的图纸给他看。就这样，从那天起，他们的交情又如往日一般了。

以自我为中心型的人都有强烈的自尊心，所以在同他们进行谈判时，要先迎合他们的自尊心。等他们的自尊心被满足后，再和他们谈别的问题就容易多了。

以自我为中心型的人对自己认定的目标感兴趣，而对别人强加给自己的事物无动于衷。你可以根据下面的一些特征来识别这类人。

（1）他们会和你谈论他们自己以及他们的需求。

（2）一开始他们也许拒绝和你谈话。如果他们告诉你拒绝的原因，也很可能是态度生硬。

（3）他们不会认真听你说。他们不在乎你说些什么，除非你说的与他们的计划相一致。

（4）他们不会承诺购买你的产品。他们需要相信购买的决定是自己做的，而且他们开出的条件得到了满足。

对于这种以自我为中心型的人，在谈判时就先肯定他们的观点，以迎合其自尊心，等到他们的自尊心满足以后，再来激发他们的好奇心与需求。另外，你还可以采取下面的办法来同他们谈判。

（1）利用他们独特的需求与希望，向他们提一些与他们的需求相关的问题。通过提问来强化他们的目标，从而达到你的目的。

（2）不要说无关紧要的话，也不要问一些无足轻重的问题。要切题——他们关心的问题。

（3）在他们讲话的时候不要插话，尽可能地听他们说。

如何应对做事果断型对手

在谈判过程中，如果遇到果断类型的人，就要善于利用诱导法将其说服。比如，找出这种人的弱点，然后再一步步诱导他转移到你要达成的目的上来。

李明是一位资深保险销售员。一天，他打电话给L先生。

L先生是一位退役军人。他具备典型的军人脾气，说一不二，刚正而固执，做什么事都方方正正、干干脆脆。

李明说："先生，保险是必需品，人人不可缺少，请问您买了吗？"

L先生斩钉截铁地回答说："年轻人当然需要保险，我老了，又没有子女，所以不需要保险。"

李明说："您的这种观念有偏差，就是因为您没有子女，我才热心地劝您参加保险。"

"哼！要是你能说出一套令我信服的理由，我就投保。"

李明说："如果有儿女的话，即使丈夫去世，儿女还能安慰伤心的母亲，并负起抚养的责任。一个没有儿女的妇人，一旦丈夫去世，留给她的恐怕只有不安与忧愁吧！您刚刚说没有子女所以不用投保，如果您有个万一，请问尊夫人要怎么办呢！我知道您是关心您夫人的……"

最后，李明以平静的口吻说："到时候，尊夫人就只能靠抚恤金过活了。但是抚恤金够用吗？一旦搬出公家的宿舍，无论另购新屋或租房子，都需要一大笔钱呀！以您的身份，总不能让她住在陋巷里吧！我认为最起码您应该为她准备一笔买房子的钱呀！这就是我热心劝您投保的理由。"把最后一段话讲完之后，李明突然打住。

L先生默不作声，李明也静静等待着。

隔了一会儿，L先生点头说：“你讲得有道理，好！我投保。”

果断型的人有一个明显的特点，就是对任何事情都很有自信心，凡事亲力亲为，不喜欢他人干涉。但是，如果他信服某件事，那么他就会比较积极爽快。

需要提醒的是，果断型的人更喜欢做事果断的谈判人员。客户对于缺乏果断能力的谈判人员，内心是非常厌恶的，他们非常容易使果断型的人联想起猜忌、狡猾、唯利是图。

在急需决断的时候，我们无论是好是坏都需要给果断型的人一个答复。果断不光体现在办事的时间上面，更重要的是体现在关键问题的把握上面，很多人之所以不能够果断地解决问题，与不能够有效地发现核心问题有关。众多复杂的情况交织在一起，经常会使很多人无所适从。

因此我们不仅要学会诱导果断型的人做决策，还要使自己在面对这类人时变得更为干练和果断，使得我们的做事风格与对方相匹配，从而赢得对方的认同和肯定。

如何应对犹豫不决型对手

犹豫不决型的人做事谨慎，考虑问题全面周到，但往往患得患失，拿不定主意。他们对于产品或服务往往会从各个方面考虑利弊得失。因为他们的风险意识很强，所以也会对产品或服务显得十分挑剔，而且轻易不会做出决定。

遇到犹豫不决型的客户，不要急功近利，要耐心为他们分析利弊得失，消除他们内心的疑虑，最好缩小可供他们选择的范围，使他们最终下定决心购买产品。

王华是一家服装加工厂业务员。一天，他打电话给一家电子厂老总，销售他的一批男性职业套装。

“我认为这些款式一定会受到男性员工的欢迎。”

“色彩如何？”

“我觉得和贵公司踏实的企业精神颇为符合。”

“是吗？”

“我觉得您不用再考虑了，您只需要在这批服装上印上贵厂的商标和名称就可以使用了。”

“唔……”

“您看，我们共有两款设计。站在商业原则的立场上，我建议您选择A款，您觉得呢？”

“但是我觉得B款也不错……”

“B款确实也不错，但是稍微花哨了点。我还是建议您选择A款。”

“就决定A款吧！价格优惠，质料又不错。您说呢？”

“说的也是。好吧，那就拿A款吧。”

“谢谢，您的选择肯定不会错的。”

上述例子中，王华给客户提供了A款与B款服装，但当他发现这位客户是犹豫不决型客户时，就立即给他A款这一唯一选择的建议，这样一来才促使客户下决心购买。对于这种类型的客户，即使与对方达成了初步的协议，也不要显得过于得意，否则他们有可能反悔。

与犹豫不决型客户谈判可以适时地扮演引导者角色，帮助客户下决定，替客户做决定。但是你要让客户觉得这是他自己下的决定，而不是你代他下的决定，亦即以不伤客户自尊心为原则。例如，你可以这样说：“××先生，我以我公司20年积累起来的信誉做担保，这套产品的品质是绝对没问题的，您可以决定拥有一套。”

“我来帮您分析一下，您为什么要拥有这套产品？第一，这套产品是您真正需要的；第二，这套产品可以真正帮助到您；第三，这套产品不是每个人都可以拥有。”

缩小他们的选择范围，就等同于为他们设置了围栏，让顾客在你划定的范围内进行选择，然后再进行合理的引导，帮助其做决定，顾客就会在你的牵引之下做出购买的决策，这样整个销售工作就可以宣告完成。需要提醒的是，一定要让顾客觉得你可信，否则就会前功尽弃。

如何应对墨守成规型对手

相对于追求新潮、时时求变的人来说，墨守成规的人显得思维比较保守、性格比较沉稳，不易接受新事物，做任何事情都遵循规律是他们的习惯。在消费观念上，墨守成规的人总是喜欢在同一家商店购买商品，并且往往认准一个牌子的东西就会一直用下去。他们非常容易被先入的观念影响，并且一旦形成固定的印象就很难改变。可以说，墨守成规型的人是很难被说服的。

墨守成规型的人还有一个明显特点是，在选购商品或服务的时候最注重安全和品质。他们会对商品或服务做出理智的分析和判断，适合自己的才会购买。值得一提的是，他们追求产品或服务的优等质量，却限于实用的范畴内，太高档的产品或服务是他们所不能够接受的，因为他们认为高档的、华而不实的消费是奢靡的，不值得提倡。

了解了墨守成规型的人的心理特点之后，搞定这类人的方法也就出来了：首先，在谈判一开始，我们先要耐心地给他们进行介绍与讲解，不能着急。因为急于求成反而会让这类人产生怀疑，顽固心理会更加强烈，更加坚不可摧。其次，我们要将自身具备的优势作为一个很好的突破口，让他们在对比中发现我们提供的产品或服务比其他的产品或服务更好。就这样潜移默化地改变对方的观念，让他们接受，进而做出有利于我们的决定。最后，在这个过程中，我们一定要沉住气，按照对方的节奏，用实实在在的好处来慢慢说服他们，这样才能打动墨守成规型的人那颗仿佛几千年都不会动一下的心。具体的我们可以看一下小谢是怎么做的。

小谢所任职的打字机公司店面生意不错，从早上开门到现在已经卖出去好几台了，当然小谢的功劳是很大的。此时又有一位顾客来询问打字机的性能。他介绍道："新投放市场的这类机型的打字机采用电动控制装置，操作时按键非常轻巧，自动换行跳位，打字效率比从前提高了15%。"

他说到这里略加停顿，静观顾客反应。当小谢发现顾客目光和表情已开始注视打字机时，他觉得进攻的途径已经找到，可以按上述路子继续谈下去，而此时的论说重点在于把打字机的好处与顾客的切身利益挂钩。

于是，他紧接着说："这种打字机不仅速度快，可以节约您的宝贵时间，而且售价比同类产品还略低一点！"

他再一次停下，专心注意对方的表情和反应。正在听讲的顾客显然受到这番介绍的触动，心里正在思量："既然价格便宜又可以提高工作效率，那它准是个好东西。"

就在这时，小谢又发起了新一轮攻势，此番他逼得更紧了，他用聊天拉家常的口吻对顾客讲道：“先生看上去可是个大忙人吧，有了这台打字机就像找到了一位好帮手，工作起来您再也不用担心时间不够了，下班时间也可以比以前早，这下您就有时间跟太太常在一起了。”小谢一席话说得对方眉开眼笑，开心不已。

小谢一步步逼近顾客的切身利益，抓住对方关心的焦点问题，成功地敲开了顾客的心扉，一笔生意自然告成。

从这个真实的场景中，我们可以发现，小谢是一个特别会察言观色的人。他在介绍打字机优点的时候，捕捉到客户的目光已经开始注视打字机了，于是他立即知道客户已经有些动心了。接下来，他用“这种打字机不仅速度快，可以节约您的宝贵时间，而且售价比同类产品还略低一点”这句话，巧妙地将购买打字机的好处与客户的切身利益挂钩。等客户更加心动的时候，他便发起了更紧迫的攻势，一步步逼近客户的切身利益，让客户觉得不买都对不起自己了，销售也就大功告成了。

场景中的客户，少言寡语，但是小谢用直接切中商品实用价值这个方式征服了他。这说明，墨守成规型的人虽然思想相对守旧，不容易接受新鲜事物，也比较难以被说服，但是只要我们能够耐心为他们详细讲解产品或服务的好处，并让对方真实感受到诚意和有利之处，打动这类人的心也并非不可能。

如何应对性格外向型对手

相对于沉默内敛的内向型的人，相信我们大部分人还是更喜欢和阳光开朗的外向型的人打交道。但是我们会发现一个非常蹊跷的问题：在和外向型的人交谈的时候，我们会非常愉快。但是，每次到了成交的时候，我们才意外地觉察到，原来外向型的人也并不好“对付”。更令人难以理解的是，往往我们还在进行说明的时候，外向型的人就突然直接离开了。为什么会这样？

原因只有一个，那就是外向型的人讨厌啰唆，你要是啰里啰唆地没完没了，他肯定是唯恐避之而不及。于是就出现了让我们难以理解的夺门而逃的现象。

著名的心理学家荣格，以人的心态是指向主观内部世界还是客观外在世界为依据，将人分为内向型和外向型两种类型。内向型的人心理活动倾向于内部世界，他们对内部心理活动的体验深刻而持久；外向型的人心理活动倾向于外部世界，他们经常对客观事物表现出极大的兴趣，他们不喜欢苦思冥想，因此常常要求别人帮助自己满足情感需要。

外向型的人心直口快，非常容易交流，且不会让人感觉压抑。当有人给他们介绍某样东西的时候，他们会很乐意听，并且会积极参与进来。外向型的人有一个显著性的特点，就是比较有主见，能够迅速地做出判断，但是其判断往往仅限于善恶、正邪、敌我及有用无用等，比较极端化，不会去关注具体情况及细节。所以，他们的决定也会比较武断，喜欢就会很痛快地购买，不喜欢的话就会果断拒绝。

在面对外向型的人时，我们使用的方法非常简单，那就是要跟上他们的节奏，说话要干脆利落，回答问题要准确清晰，绝对不拖泥带水，以跟他们相似的气势压倒他，让他们心悦诚服地接受我们。我们来看看小杨是怎么做的。

小杨是一家设备公司的销售员，他联系了一位客户，是某公司的经理，姓方。小杨向他销售一套办公设备，与客户约定早上

9点在方经理办公室见面。小杨最近一段时间的销售工作进展得很不顺利，他不知道这次能不能成功，心里忐忑不安。

按照地址，小杨很顺利地找到客户所在的办公大楼。他意外地发现，方经理的秘书已经按照经理的吩咐在迎接小杨。这让小杨感到受宠若惊，异常欢喜，他想，这应该是位比较和善的外向型客户。

果然，方经理对小杨非常热情，并且主动和他聊天。小杨在与方经理沟通的过程中，仔细观察方经理的言行举止，并做出判断：方经理是一个不拘小节、性格外向的人，应该很容易交流。于是小杨也不再拘谨，而是顺着方经理的话题，迎合方经理，侃侃而谈，并巧妙地把他引到办公设备的话题上。

中间小杨还穿插了几个自己销售过程中比较有趣的故事，使方经理把注意力完全转移到自己及自己的产品身上。对于方经理关于产品的一些提问，小杨总是很清晰、准确、简洁地给以答复，说话不拖泥带水，给方经理留下了业务专业、行事干练、自信诚恳、精神饱满的好印象，因而更加拉近了彼此之间的距离。

方经理将自己对于办公设备的想法向小杨说明，小杨很快就针对他的想法提出了合理的方案，让方经理非常满意。最后，方经理很痛快地订购了整套设备，给小杨带来了不小的收益。

不得不说，小杨是一个销售高手，有着非同一般的、敏锐的嗅觉能力。在刚进办公大楼的时候，他就通过方经理吩咐秘书特地去接他的小细节里猜出方经理的外向型性格。在与方经理的沟通环节中，他已经断定方经理是一个外向型的人。于是他顺着方经理的话侃侃而谈，很巧妙地将话题拉到了他所要销售的产品上。并且，他介绍产品时非常干脆利落，并为方经理提出了合理的方案，顺着这股肯定自信的气势，方经理也不由自主地被他的气场所影响，非常痛快地订下了协议。

在与外向型的人谈判的时候，我们唯一的方法就是干脆利落地一口气将自身具有的优势迅速呈现在对方面前，切勿啰唆。我们应该像小杨一样，摸清楚对方的兴趣和意愿，顺着他们的话题说，并想办法引起他们的关注，巧妙地把自己的谈判目的引到谈话当中，让对方在不知不觉中被吸引。

如何应对面子为上型对手

面子在我们的生活中很重要。在谈判过程中你会发现，爱面子的客户比比皆是。爱面子的客户最大的弱点就是害怕失去面子。在他们眼里，面子甚至比生命都重要。因此，谈判人员如果能在这类客户的面子上做文章，就会使谈判变得简单起来。尤其是当被他们拒绝的时候，适当地讥讽一下他们，也许会收到意想不到的效果。

谈判人员："布尔，咱们接触的时候也不短了。我知道你对我们的激光打印机感兴趣，能告诉我使你迟迟下不了决心的真正原因吗？"

客户："哦，罗博特，是这样的，今年开支太大，上司已经跟我说过，要注意办公开销，再说我办公室里那台打印机还能凑合着用。"

谈判人员："可你知道你办公室里那台点式字模打印机是什么型号吗？T型福特！T型的！"

客户："你说的T型是什么意思？"

谈判人员："没什么，T型福特就是福特公司当年风靡一时的名车，不过早就过时了，就像你的点式字模打印机。现在还用这种古董，实在太落伍了！这点每一位到过你办公室的人都能感受到。作为办公室经理的你不这么认为吗？”

客户：“你说的是事实？”

谈判人员：“难道不是吗？”

客户（沉默了一会儿）：“让我考虑考虑，明天给你答复。”

第二天，这位客户主动打来电话，他想用激光打印机代替他原来的那台。

案例中，罗博特为了向办公室经理布尔销售自己的激光打印机，费了很多口舌也没能说服他。传统的销售方法对这位客户并不适用，也就是说罗博特试图通过介绍产品的性能、特点去打动客户已经不可能了。这时候，他及时转变了策略：得知客户非常爱面子，他决定冒一次险，采用讥讽的手段刺激客户的购买欲。于是罗博特跟这位客户说：“现在还用这种古董，实在太落伍了！这点每一位到过你办公室的人都能感受到……”

这句话深深地触动了那位客户，让他陷入沉思。第二天他主动打电话给罗博特说，他想用激光打印机代替他原来的那部。这样罗博特如愿以偿地赢得了这个客户。

爱面子是人都有的心理，因此，当谈判者运用传统的谈判方法不能成功的时候，不妨去冒一次险，对骄傲的、爱面子的客户采取讥讽的方式来刺激他的购买欲。但是，这种策略不是对所有爱面子的潜在客户都管用，这很冒险，也可能会使客户恼羞成怒。只有了解了客户的心理，准确预测客户的反应，才能险中求胜。

第五章

开启对方心扉，缩短心理距离

表达认同，拉近距离

谈判成功的第一步，就是建立亲和力。如果你能时刻表达你认同客户的观点，就很容易拉近你们之间的距离，促进谈判的成功。一般情况下，表达你的认同心有以下几种方法。

1. 语音和语速同步

语音和语速同步就是指说话快慢要跟客户同步。客户说话快，你也要快一点；客户说话慢，你也要慢一点；客户急，你也要急一点。视觉型的人，用视觉型模式跟他沟通；感觉型的人，用感觉型的模式沟通；听觉型的人，用听觉型的模式跟他沟通。与客户沟通时，你就可以判断出他可能是哪一种类型的人。如果判断是视觉型的人，我们讲话的速度就要快一点。如果判断是感觉型的人，讲话速度就要慢一点。对听觉型的人，你就要用听觉型的词汇跟他沟通。

2. 情绪同步

情绪同步可以进入对方的内心频道，这样你会发现对方拒绝的机会大大减少。要做到与客户情绪同步就要设法进入对方的内心频道，从对方的观点、出发点和角度去思考，去判断，去行动，去选择，去决定，去联想。如果你能站在对方的立场为对方考虑，你就有可能跟对方关系更亲近，让对方觉得被了解，被尊重。因为被人关注和尊重是人类共同的需求。你由此也能与客户建立更密切的关系。

3.生理状态同步

有时谈判需要通过打电话来完成，这个时候我们无法看到对方的面部表情，也无法看到对方的肢体动作，可是我们会在大脑中创造一幅画面。这幅画面可以描绘出对方是站着给我们打电话，或坐着给我们打电话，抑或具有不同的生理状态，包括呼吸、表情和动作。

在打电话的时候，我们能够听到对方的呼吸。假如听到对方呼吸很微弱，就可以据此判断对方可能在生病或患了感冒。高明的谈判者可以听出对方的呼吸是均匀的还是不均匀的，是快还是慢，是缓还是急，呼吸是非常自然的还是有点紧张。通过呼吸可以判断对方是紧张还是不紧张，是急躁还是不急躁，想成交还是不想成交，是有企图还是没有企图。高明的谈判者可以通过判断对方呼吸的方法进而去判断对方的用意。

4.语言文字同步

语言文字同步，包括词汇、术语、口头禅同步。一个人使用不同的词汇，会得到不同的结果。每个人针对不同的事态，会使用不同的词汇。

词汇使用不当，会给客户带来臆测或者假想。在商务沟通中，使用负面词汇或常用词汇错位都会影响交流的顺利进行，甚至于阻碍公司的发展。

负面性的词汇让我们的情绪处于一种暴怒的状态中，通常，这种情绪也会传递给我们的客户，所以我们要尽量少用或者把它转化为正面性的词汇。像“生气”，如果我们把“生气”转化为正面性词汇“不高兴”就比较好，把它改为“挑战”“激动”就更好。

每个人常用的负面词汇都可能不太一样，可以把自己平常说过的负面词汇写下来，然后做转化。

每个人都有说负面词汇的习惯，我们要勇于接受、转化。“我真的很讨厌这件事情的发生”与“我很遗憾这件事情的发生”，这两种表达方式给自己和客户完全不一样的心理暗示。

5. 合一架构

什么叫合一架构？它的格式就是“×××先生，×××女士，我尊重你的意见（我尊重，我同意，我了解你的想法），我知道……同时……”现在我们用“同时”替代“而且”。目的是让顾客感觉到我们是和他处于同等地位的，是平行的。“×××小姐，我了解你不想参加这个活动必有其原因，同时我也知道你非常需要得到成长，是吗？”假如我们用这种方式跟她沟通，和用另一种方法沟通，结果可能是完全不一样的。因为我们采用了正确的合一架构。合一架构的真正秘诀是你站在顾客的立场上，为他着想。

了解客户处境，让对方感动

真正的谈判是从了解客户的心境开始的，客户的心境决定着他需要何种服务，也决定着谈判人员该用何种方式来达到温暖客户之心的效果。

瑞恩是英国一家企管咨询公司的业务主管。几天前，刚刚入冬，气候寒冷，他难得起了个大早，干脆就早一点到公司去。

离上班时间还有1个半小时，再加上当天又特别寒冷，瑞恩很想到公司附近找家咖啡屋喝杯热咖啡。找到几家，走了进去，结果所获得的都是“还没开始营业”，或者是“8点钟再来吧”等爱搭不理的回答。

瑞恩的好心情被这几家咖啡屋搞得有点糟糕起来。几乎准备放弃之余，他又走进一家咖啡店，问：“开始营业了吗？”对方说：“开始了，请进，请进，外面天儿冷。”

其实这家咖啡屋离营业时间也还有20分钟，但是店员能够设身处地替顾客着想，所以把瑞恩招呼进去，并且告诉瑞恩说：“先生，不好意思，您的咖啡还在准备中，请先看一看报纸，等一下。”说着递过来一份《都市早报》，“您在哪里工作？上班路程远吗？这天气挺冷的，要多穿衣服啦。”和室外的寒冬相比，这家贴心的咖啡屋，令人倍感温暖。

10分钟后，一杯热腾腾的咖啡送到瑞恩的面前。“先生，不好意思，让您久等了，请慢用。”这样的做法与前几家咖啡屋形成鲜明的对比，瑞恩甚为感动，并打定主意，以后都到这家咖啡屋来消费。

用完咖啡后，请老板结账，老板微笑地对他说：“先生，您是本咖啡屋今天的第一位顾客，我们又耽搁了您一些时间，所以我们决定，您的咖啡只收一半的费用，以表我们的歉意。并谢谢您光临本店。”

从那以后，瑞恩就经常光顾这家咖啡店，而且还推荐同事们去。

对于任何一个力求发展的公司来说，任何一个客户都是最有价值的资产。因此，从与客户的第一次接触到以后的每次联系都要善待客户，珍惜客户，处处为客户着想。只有这样，才能赢得客户的认可。

在此案例中，瑞恩因出门较早，想要喝杯热咖啡，却因为营业时间未到而接连被几家咖啡店拒绝，这让瑞恩感觉很不舒服。这几家咖啡店看似是在按照规定办事，其实是不懂变通的表现，他们的这种做法让人难以接受，当客户连续感知到这些令人不愉快的信息后，自然不会对他们的服务满意。

等瑞恩走进最后一家咖啡店时，受到了热情的接待，得到了老板真诚的问候和关心，并且结账时只有一半的费用，只是因为让瑞恩多等了几分钟。这样的服务可以称作是一种“温暖人心”的服务。了解客户的心情，了解客户的处境，变通一下，自然会让客户感动不已，从而获得对方的认可与信任。

开头的话要贴心说

首先，请思考这样一个问题：假如在一个严冬的白天，你与一位现在很陌生、但希望将来能成为长期合作伙伴，并成为朋友的人见面，你想说些什么作为初次见面的开场白呢？

或许是受西方人们寒暄习惯的影响，大多数人常认为从谈天气切入最好，如“今天真冷啊”，等等。可是，如果我们单纯地使用这种方式，虽然能引出一些话来，但这些话往往对你们彼此无关紧要，于是，再深一步的交谈也就出现困难了。

那该怎么办呢？很简单，第一句开个好头，然后稍微延续一下即可。例如，你可以这样说：“哦，今天好冷！像我这种在南方长大的人，尽管在这里住了几年，但对这种天气还是难以适应。”相信，对方如果也是在南方长大的，就会引起共鸣，接着你的话头说出一些有关的事；对方若是在北方长大的，他也会因为你在寒暄中提到了自己的故乡在南方，而对你的一些情况发生兴趣，有了要进一步了解你的欲望，从而可以把你们的交往引向深入。

要知道，人都是独立的个体，都具有思维能力，与陌生人打交道时，你与对方都会存有一定的戒心，这也是谈判时初次见面的一种障碍。而初次见面的成败，关键就要看你们是否能冲破这道障碍。

如果你能把开头的话说到对方心里，那么，第一次谈话就不仅仅是形式上的客套了，双方往往会因此打成一片，变得容易接近。想做到这一点，你或许会觉得应该挖掘一些奇特曼妙的语言吧？其实非也，平常之语即可。你若仔细观察便会发现，周围受人拥戴与信赖的人，往往并不是才情焕发、以惊人之语而博得他人喜爱的人，而是话语平常但非常贴心的人。

贴心开场有以下三种典型方式。

1. 问候式

“您好”是向对方问候致意的常用语。如果能因对象、时间的不同而使用不同的问候语，效果则更好。对德高望重的长者，应说“您老人家好”，以示敬意；对年龄跟自己相仿者，称“老×（姓），您好”，显得亲切；对方是医生、教师，说“李医师，您好”“王老师，您好”，有尊重意味。节日期间，说“节日好”“新年好”，给人以祝贺之感；早晨说“您早”“早上好”则比“您好”更得体。

2. 敬慕式

对初次见面者表示敬重、仰慕，这是热情有礼的表现。用这种方式必须注意：要掌握分寸，恰到好处，不能胡乱吹捧，不说“久闻大名，如雷贯耳”之类的过头话。表示敬慕的内容也应该因时因地而异。例如，“您的大作《教你能说会道》我读过多遍，受益匪浅。想不到今天竟能在这里一睹作者风采！”“桂林山水甲天下。我很高兴能在这美丽的地方见到您这位著名的山水画家。”

3. 攀认式

赤壁之战中，鲁肃见诸葛亮的第一句话是：“我，子瑜友也。”子瑜，就是诸葛亮的哥哥诸葛瑾，他是鲁肃的挚友。短短的一句话就定下了鲁肃跟诸葛亮之间的交情。其实，任何两个人，只要彼此留意，就不难发现双方有着这样或那样的“亲”“友”关系。例如，“你是××大学毕业生，我曾在××进修过两年。说起来，我们还是校友呢！”“您来自苏州，我出生在无锡，两地近在咫尺，今天能遇同乡，令人欣慰！”

心理学家指出，世界上绝大多数的人都容易先入为主，我们在谈判中一定要明白这个道理，把见面的第一句话，说到对方心里。这样，一旦打开对方的心扉，后面的交流自然就容易得多了。

打消对方的防卫意识

谈判的时候，我们常有这样的经历，对方总是对你所说的每件事都要进行澄清或反驳。你提出一个观点，他立刻提出一个相反的观点；或者你插入一段评论，他马上觉得有必要提出更好或者更令人印象深刻的评价。不用说，遇到这种情形总是令人沮丧，而交流也因此难以深入下去。

在日常会谈中，这种情形发生的频率其实也比你想象的要频繁得多。哪怕对于一个不大有感情色彩的评价，人们也常常会持反对态度。例如，当你说“听说周末天气不错”时，对方立刻会反问道：“真的吗？我觉得好像会下雨”，或者说，“太热”“太冷”“太潮湿了”；还有的人认为现在说这个周末天气怎么样有点儿“太早了”或“太迟了”。总之，对方似乎总是本能似的以逆反心理对待你的言论。

逆反是表示不同意的一种，它出于人的本能，带有感情色彩，通常使人以相反的态度做出反应，常见的方式是表达相反的观点。

在与人沟通商谈中，我们常常一开口就遭遇对方的反诘。这时你可以用一个最简单的实验来检测一下对方的逆反心理。当你走进对方的办公室微笑着询问：“我选了一个好时间，对吗？”那么，他们的回答通常并不愉快，往往会说：“我现在正在忙。”下一次，你试着问一个相反的问题：“我来得不是时候吧？”大多数人会立刻邀请你进去，同时说：“不，正好是手上的事情忙得差不多了。”

逆反是几乎人人都有的行为反应，只是程度不同而已。逆反行为看起来像是一种恶意的抵触，但从心理学角度说，逆反行为并不是有意识的反应，大多数情况下都是人们下意识的自我防卫。逆反行为很少因为某人有意反对而发生，它的产生机制是人们需要感受到自我价值的存在。大多数人通过对他人的反对来显得自己很聪明，希望因此受到尊敬。

在谈判过程中，当对方发生习惯性的逆反行为时，你不能直接说“别这么做”，而应当认识到，对方不自觉的逆反心理实际上源于人们天生对“掏自己口袋”的人抱有谨慎且怀疑的态度。这种谨慎孕育着抵制情绪，越是谨慎的人，就越容易产生逆反行为。而我们必须尊重对方的逆反心理，还有更聪明一点的人，懂得在谈判过程中充分利用对方的逆反本能，达到自己的目的。

“激发好奇心”是克服谈判对手逆反心理的最佳途径之一，我们可以通过能够激发人好奇心的话题，使交谈的气氛变得活跃，同时也使对方更加投入、注意力更集中，从而更主动自愿地进入到谈判中去。

除了激发谈判对手的好奇心，我们还有以下三种方式来有效消除对方的逆反心理。

1.多提问题少做陈述

交谈中的陈述语气很容易引发逆反作用，因为大多数的陈述通常都有一个明确的观点立场，很容易被人抓住提出反对意见。你的陈述观点越明确，就越容易发生反作用。相反，提问由于观点模糊，就更不容易使对方感情激化，从而引起逆反作用。例如，以“这个周末天气好吗？”代替“周末天气不错！”的陈述，既能避免对方逆反性的回答，又通过问题满足了人们想要参与讨论并提供某些信息的心理需求。

2.信誉减少客户的抵触心理

一个人在对方心中的信誉越高，对方的态度会越积极。良好的信誉能使你的谈判对手与你建立融洽的信任关系，这样就减少了对方逆反心理的发生概率，有利于交流的有效展开。

3.站在对方的立场上

在谈判的过程中，如果我们能设身处地地站在对方的立场上，提出诸如“我来得不巧吧？”“打搅你了吗？”“你的老板对建议价格有些担心吧？”之类的问题，对方能感受到你确实是为他着想，也便很容易消除内心的心理防线，愿意敞开心扉与你交谈——当然，你所问的上述问题，一定也都能够得到否定的回答。

我们在与他人谈判的过程中，很容易遭遇对方的逆反心理。有些人总是试图采用更主动、更有推动力的言语说服对方，然而却收效甚微。其实，只要掌握以上几点，你可以很容易地消除对方的心理防卫，最终达成你想要的成交结果。

功利性不必太明显

托马斯是一位证券经纪人，他最喜欢的娱乐之一是高尔夫球，在打高尔夫球时，他总能得到彻底放松。在上大学期间，托马斯是格罗斯高尔夫球队的队长。虽然如此，但他的首要原则是在打高尔夫时不谈生意，尽管接触的一些极好的客户事实上就是他所在的乡村俱乐部的会员。托马斯习惯于把个人生活与生意区分开来，他绝不希望人们认为他利用关系来销售。也就是说，在离开办公室后，托马斯不会把个人的娱乐与生意搅在一起。

托马斯这样做并不是说所有的高尔夫球伴都不是他的客户，只是说他从不积极地怂恿他们同他做生意。但从另一个角度来讲，当他们真心要谈生意时，托马斯也从不拒绝他们。

吉米是一家建筑公司的经理，该公司很大而且能独自提供用于汽车和家具的弹簧。

托马斯与吉米在俱乐部玩高尔夫球双人赛。他们在一轮轮比赛中玩得很高兴。后来，过了一段时间，他们就经常在一块玩了。他们俩球技不相上下，年龄相仿，兴趣相投，尤其在运动方面。随着时间的推移，他们的友谊逐渐加深。

很显然吉米是位再好不过的潜在顾客。既然吉米是位成功的商人，那么跟他谈论生意也就没有什么不正常。然而，托马斯从未向吉米建议做他的证券经纪人。因为，那样就违背了托马斯的原则。

托马斯和吉米有时会讨论一些有关某个公司某个行业的问题。有时，吉米还想知道托马斯对证券市场的总体观点。虽然从不回避回答这些问题，但托马斯也从未表示非要为吉米开个户头不可。

吉米总是时不时地要托马斯给他一份报告，或者他会问：“你能帮我看看佩思尼·韦伯的分析吗？”托马斯总是很乐意地照办。

一天，在晴朗的蓝天下，吉米把手放在托马斯肩膀上说：“托马斯，你帮了我不少忙，我也知道你在你那行干得很出色。但你从未提出让我成为你的客户。”

“是的，吉米，我从未想过。”

“那么，托马斯，现在告诉你我要做什么，”他温和地说，“我要在你那儿开个账户。”托马斯笑着让他继续说下去。

“托马斯，就我所知，你有良好的信誉。就以你从未劝我做你的客户这点来看，你很值得我敬佩，实际上我也基本遵守这一点，我同样不愿意与朋友在生意上有往来。现在既然我这样说了，我希望你能做我的证券经纪人，好吗？”

接下来的星期一上午，吉米在办公室给托马斯打电话开了个账户。随后，吉米成了托马斯最大的客户。他还介绍了几个家庭成员和有生意往来的人，让他们也成了托马斯的客户。

作为一个优秀的销售员或商业谈判者，应该了解何时该“温和地谈判”，何时该及时而恰当地结束。富裕的人总是对他人保持提防的态度，对于这些极有潜力的未来客户，我们应该尽力接近他们而不是让他们从一开始就抱有戒心，相互信任是商业谈判的最高境界。

就像这个案例中的托马斯，喜欢打高尔夫球，也因此结识了很多有实力的客户，但他并没有利用这个机会去销售，而是把个人娱乐和生意分开，与球友建立了很好的关系，这是建立信任、赢得客户好感的一种典型策略，它也常常能取得非常好的效果。托马斯赢得了与他一起打球的某公司总经理吉米的敬佩，使得对方主动要求与他做生意，于是，托马斯得到了最大的客户——吉米。

这桩看似轻而易举的生意，其实是在与客户长期接触，赢得客户的信任与尊重后获得的，其中与潜在客户长期接触时的言谈尤其重要，不能流露出功利心，这也是托马斯取得成功的关键。

可见，强硬销售或谈判的结果必是遭到拒绝，而经过一段时间发展得来的关系会更长久。作为销售员或商业谈判者，不妨借鉴一下托马斯的做法，先取得潜在客户的信任，生意自然水到渠成。

善用敬语，谁见谁喜

从心理学角度来说，每个人都有受人尊敬的欲望，这可以说是人的通性。你不妨这样自己体会一下，假如在谈判的时候，对方想请你倒杯水给他，一种情况是他直接对你说："倒杯水给我。"另一种情况是他谦和地对你说："麻烦您帮我倒杯水好吗？"

相信，你一定会觉得第二种情况更舒服。其中的奥秘就在于——他使用了敬语。

敬语是表现对话者对人事关系的态度的。因此，对接受者来说，可以根据对话者是否使用敬语，了解到对话人把自己置于什么地位。例如，你想请谈判者喝酒，说道："请您务必赏光！"对方回答："好，去。"会怎样呢？你会认为对方看低了自己，内心是不会平静的。这样一来，你就会用另一种眼光看待对方，影响在谈判中彼此的互动。

常常听到有人说："近年来年轻人连敬语的使用方法都不知道，真可气。"这就是虽然本人没有恶意，但由于没有使用适当的、确切的敬语，致使人与人之间的关系产生了风波的明证。

与此相反，使用适当的敬语，接受和回答的人不仅能正常地保持人与人之间的关系，还会提高评价，特别是在像谈判这样具体的交际场合中，更是如此。想想看，与前述相同的场面，如果对于“请您务必赏光！”回答说：“多谢多谢，一定参加。”就会使人多少有些美感。一个人心目中对对方抱着什么态度，从语言中可以大体看出来。恰当地运用语言，可以活跃原本紧张的谈判气氛，使听的人感到心情舒畅，拉近彼此的心理距离。

所以，如果你真的想要使谈判顺利进行，达到自己想要的结果，那么，从现在起，把那些引起他人好感的敬语填入自己的脑海是很有必要的。

在谈判开始前，不要忘记亲切地问候一声“您好”或“早上好”等等。当他人在谈判中给予你关照时，不要忘记带着笑意回应一声“谢谢”。当有求于他人时，不要忘记在言语中冠以“请”字，等等。

在具体的谈判过程中，多数人很难对别人产生影响力或号召力，多是由于他们总是忙着考虑自己、谈论自己、表现自己，极力地想要获取自身利益，而没有充分表现出对对方的尊敬。所以，当你与人谈话时，要学会多尊敬对方，这样，你就一定能够在谈判桌上得到你想要得到的结果。

“卷入效果”消除陌生感

曾经有一位心理学家，做了一项有名的实验，就是选编了三个小团体，并且分派三人饰演专制型、放任型、民主型的三位领导人，然后对这三个团体进行意识调查。结果，有民主型领导人的这个团体，表现了最强烈的同伴意识。而其中最有趣的，就是这个团体中的成员，大都使用“我们”一词来说话。

为什么会这样呢？原来，“我们”这个字眼，可以表现“你也参与其中”的意思，所以会令对方心中产生一种参与意识，按照心理学的说法，这种情形就是“卷入效果”。

还记得小孩子在玩耍时，经常会说“这是我的东西”或“我要这样做”吗？其实，这种说法是小孩子的自我意识和自我显示欲直接表现造成的。有时在成人世界中，也会出现如此说法，而这种人不仅无法令对方形成好印象，还可能在人际关系方面受阻，甚至在自己所属的团体中，也会被孤立。

人心是很微妙的，同样是与人交谈，有的说话方式会令对方反感，有的说话方式则会令对方不由自主地产生好感。心理学家因此告诉人们，若想在谈判中让自己表现得更好，形成良好的人际关系，就应善加利用这种“卷入效果”。

诸多事实证明，人们在听别人说话时，对方说“我”“我认为”带给我们的感受，远不如他采用“我们”的说法，因为采用“我们”这种说法，可以让人产生对等的感觉，由此生发出亲近感，并由此产生团结意识。

有这样一个故事：

甲、乙两个好朋友一起出去散步，在路上，他们不约而同地看到路中央的一锭金子。

甲赶紧跑过去，捡起那锭金子，对乙说：“你看，我的运气真好，我捡了一锭金子。”说着准备把金子放进自己的口袋。

这时，失主找来了，他不仅要回了金子，还诬告说甲偷了他的金子，要拉他去见官。

甲有口难辩，很无辜地对乙说：“这回我们可麻烦了。”

乙听后立即纠正他说：“不是‘我们’，你应该说‘这回我可麻烦了’才对！”

正是甲前面脱口而出的“我”，使乙大大疏远了他。事实就是这样，谈判中使用“我”和“我们”，给人的感觉会完全不同。正如亨利·福特二世曾描述令人厌烦的行为时说：“一个满嘴‘我’的人，一个独占‘我’字、随时随地说‘我’的人，是一个以自我为中心的人，是一个不受欢迎的人。”

因此，在谈判时，我们要注意这样的细节，多说“我们”，用“我们”来做主语，这样有助于制造彼此间的共同意识，对谈判的顺利进行会有很大的帮助。

热心倾听，适时附和

有心理学家做过这样一个实验，来证明听者的态度对说者有着极大的影响。实验者让学生表现出一副心不在焉的样子，结果上课的教授照本宣科，不看学生，无强调，无手势；让学生积极投入、倾听，并且开始使用一些身体语言，比如适当的身体动作和眼睛的接触，结果教授的声调开始出现变化，并加入了必要的手势，课堂气氛变得生动起来。

不难发现，当学生表现出一副心不在焉的样子，教授因得不到必要的反应而变得满不在乎起来。当学生改变态度，用心去倾听时，其实是从一个侧面告诉教授：你的课讲得好，我们愿意听。这就是无声的赞美，并且起到了积极的效果。

可见，倾听时加入必要的附和，是非常有必要的。行动胜于语言。身体的每一部分都可以显示出激情、赞美的信息，可以增强、减弱或躲避、拒绝信息的传递。

善于倾听的谈判者，是不会做一部没有生气的录音机的，他会以一种积极投入的状态，向说话者传递“你的话我很喜欢听”的信息。他们会适当地使用眼神交流，进而增强听的效果。这种眼神是专注的，而不是游移不定的；是真诚的，而不是虚伪的。发自灵魂深处的眼神是动人心魄的。同时，他们也会做一些必要的“小动作”。例如，身体向对方稍微前倾，表示对对方的尊敬；正向对方而坐，表明“我们是平等的”，这可以使职位低者感到亲切，使职位高者感到轻松。

不过，在谈判中，倾听并不意味着默默不语，除了做一些必要的肢体语言，还得动一动自己的嘴。恰当的附和不但表示了你对对方观点的赞赏，而且还对他暗含鼓励之意。

当你对他的话表示赞同时，你可以说：

“你说得太好了！”

“非常正确！”

“这确实让人生气！”

这些简洁的附和语言能让谈判对手为想释放的情感找到载体，更表明了你对他的理解和支持。当然，谈判者还可以用一些简短的语句将对方想传达的中心话题归纳一下，能够使对方的思想得以凸显和升华，同时也能提高对方的位置。

作为谈判者，我们还可以向说话者提一些问题。这些提问既能表明你对对方话题的关注，又能使对方更愿意说出得意之言，也更愿意与你进一步交流。

不仅如此，附和地倾听本身还是一种赞美。它能使我们更好地理解别人，有助于克服彼此之间判断上的倾向性，有利于改善交往关系。在入神地倾听别人谈话时，你已经把你的心呈现给对方，让对方感受到了你的真诚。我们去倾听别人的时候，也就是我们设身处地地理解他们的幸福、痛苦与欢乐的时候，这能使我们把对方的优点和缺点看得更清楚。而这些结论再通过我们有效的附和传达到对方心里，这才能算是一次完美的交流。

入神地倾听并在适当时间附和也有利于对方更好地表达自己的思想和情感。在对方明白我们的倾听是对他的尊重以后，他同样会认真地听我们说活，这样大家彼此的交流才能产生良好的效果。

所以，在与他人谈判的时候，你若想把交流愉快地延续下去，那么，请不要只是傻傻地倾听，要学会适时地附和。

第六章

彰显强大气场，震慑对方

掩藏弱点，彰显气势

在古希腊神话中，有这样一个意义深刻的故事：

阿喀琉斯是希腊神话中最伟大的英雄之一。他的母亲是一位女神，在他降生之初，女神为了使他长生不死，将他浸入冥河洗礼。阿喀琉斯从此刀枪不入，百毒不侵，只有一点除外——他的脚后跟被提在女神手里，未能浸入冥河，于是脚后跟就成了这位英雄的唯一弱点。

在漫长的特洛伊战争中，阿喀琉斯一直是希腊人最勇敢的将领。

但是，再强大的英雄也有弱点。在十年战争快结束时，敌方的将领帕里斯在众神的示意下，抓住了阿喀琉斯的弱点，一箭射中他的脚后跟，阿喀琉斯最终不治而亡。

这就是至今流传在欧洲的谚语“阿喀琉斯之踵”的来历。这个故事旨在告诉我们：任何一个强者都会有自己的“致命伤”，而这一点一旦被你的敌人发现并加以攻击，那么，你注定是这场战役的输家。

尽管人都是有弱点的，但一个成功者的明智之处就在于，他能像自然世界的凶悍野兽一样，小心谨慎地把自己的弱点掩饰起来，而把自己强大的气势显露出来。这样，对方抓不到你的弱点，反而会觉得你非常强大，被你的气势所震慑，觉得你无懈可击。

就拿谈判来说。如果你一开始就唉声叹气、眉头紧皱，别人一下子就能发现你没有底气，自然你说一句别人就灭你一句，最终受制于对方，被别人牵着鼻子走。然而，如果你一开始就表现得非常得意，比如，在谈判开始前，吃个水果、喝杯清茶，别人多半会觉得你对这次谈判很有信心。这就如同擂起鼓点向对手示强，让对方看不透自己，又在气势上将对方压倒。这时你再深入地谈论实质性话题，别人就会细心聆听，中间不会打断你的话，而且会认同你的想法。因此，很多谈判高手总结道：“谈判就像是打牌，打牌重在牌技，更重在心理素质。”

正如军事上所讲的“攻城为下，攻心为上”，一个真正的谈判高手不仅会把自己的弱点隐藏得非常好，而且深谙震慑人心的艺术，会给人一种无懈可击的“强大感”，使人无法找到攻击他的地方，也不敢去攻击他，从而认为听从他也许是最好的选择。

在激烈的谈判对决中，我们不要急于与对手搏斗，急于求成不但不利于竞争，而且会让我们一败涂地。我们要把自己的致命弱点隐藏好，注重气势的培养。当我们的修行到了一定境界的时候，内心的威慑力就会自然而然地流露出来，不需要激烈的竞争，我们的对手便会甘拜下风，失去反抗抵触的心理。

让对方琢磨不透，使其产生不安

小说《斗医》里有这样一段描述：

林屹然开口问道：“你与那妖媚女子是何关系？”

“朋友关系！”林啸堂直接回道。

“据说你曾与她在某个暗穴之内双修？”林屹然有点兴师问罪的意思。

林啸堂看了一眼林屹然，点了点头！

“你可知她是道宗一派？”

林啸堂再次点头。

一阵沉默后，林屹然又道：“在我归来途经新罗城地界边缘时，遇到一位道宗散人小辈，叫作狂狮道人。此人扬言要灭林家全族。据说是因为他的几个儿子被人给打了。可是你所为？”

连这事都知道？林啸堂有些纳闷。不过看这林屹然高深莫测的样子，想知道些东西怕也不难。当下（林啸堂）也只得点了点头。

不难看出，正是林屹然高深莫测的样子，使林啸堂的内心感到很不安，不仅回答得毫无气势，到最后“也只得点了点头”。

其实，不只是林啸堂，任何人面对一个高深莫测的人，内心都会有些不安。心理学家指出，如果一个人已经意识到自己的错误或弱点，我们若对其完全不理，或故意用毫无尖锐批评之意的态度去对待他，那么他就会有人格受轻视的错觉，从而感到不安。一旦带着这种不安去与人交际或交涉时，谁的心中都会挂念自己的过失，精力自然也很难集中。这也正是高深莫测态度的攻心之所在。

在公司里，我们经常会发现这样的情况：当下属送一些待批的文件给上司，上司基本都不会当场看，也不会当场跟下属讲与文件有关的意见或事情（当然，咨询情况就属于例外了）。他们普遍只会点点头，面带微笑地接过文件，或者直接让下属把文件放在桌子上。而此时，下属多会觉得上司高深莫测，如果自己做错了事就会非常忐忑不安，甚至没有做错事也会处于不安的心理状态。

与之类似，如果我们在谈判的时候迟到了，往往会因此而对对方感到歉疚和不安。这时，我们通常会向对方致歉，甚至解释一下迟到的理由，以表示是自己的无心之过。然而，如果对方故意摆出不重视的态度，对我们迟到的事情一句都不提，问也不问，就直接进入谈判主题，我们内心多半会感到不安。在接下来的谈判中，尤其是心理交锋中，我们的状态通常会处于下风。这也是为何深谙攻心之道的谈判高手，在谈判时一定会比约定时间早一点到场。

所以，在谈判中，我们可以故意表现出一副高深莫测的态度，让对方琢磨不透，以使其内心产生不安之感。而我们自己，则轻松占据心理优势。

假造声势，“吓”败对方

请问：假设在谈判时，你遇到一个非常强势的对手，而自己又没有退路可选，你会怎么办呢？如果你还没有想到更明智的办法，那么，先来看看机灵的小丁是如何解决的吧。

小丁虽是一名高中生，但穿着哥哥的新西服，打条新领带，看上去倒像是“大款”。乘车的时候，车上人多，很闷热，小丁就将领带解下来装在裤兜里，靠在车座的靠背上玩游戏机。一大块头男子站在他的身边，看他玩游戏。

车子驶过一段弯路时，小丁隐约觉得有只手在自己裤子口袋里摸来摸去。他低头一看，发现是“大块头”在搞鬼。他灵机一动，向身边乘客借得手机，随便拨一个号后大声说：“叔叔，我在车上抓了个小偷，快派两个警察来……”

这一招果真奏效，“大块头”赶紧将手抽回来，灰溜溜地下车离去。

谁都知道，这种时候，小丁明显处于弱势，如果以硬碰硬，肯定是拿鸡蛋碰石头，必败无疑，但机灵的他来了一招“假造声势”，既可以退贼，又可以避免与对方直接交锋而受伤害，何乐而不为呢？

这种方法，不仅在现实生活中非常实用，在历史上也是经过实践证实的。李世民解救隋炀帝的故事就是一个典例。

隋炀帝好巡游，出巡江南之后，又大张旗鼓地去巡视塞北。突厥国始毕可汗早就想夺取大隋天下，今见隋炀帝送上门来，心中大喜，秘密调兵数十万，把隋炀帝困在雁门关，驱兵猛攻。隋炀帝的御林军都是些能征惯战之士，在这个节骨眼上，当然拼死护驾。敌人攻了几次都没得手，于是便把隋炀帝及御林军团团围住，妄图饿死他们，使隋军不战自灭。隋炀帝派兵左冲右突，想突围出去，但无论如何也突围不出去。派人送信请救兵，信也送不出去。最后，只好把求救诏书刻在一块木板上，放在河里顺水漂去，希望有人拾到，好有救兵来救驾。

木板漂到下游，果然被人拾到，送到官府，转到太原留守李渊之子李世民手中。李世民那年才16岁，却已是个上过战场的将军了。他听到皇上有难，也顾不上召集更多的军队，就带领自己手下的几万人向雁门关进发。

离雁门关不远了，副将云定兴说：“突厥兵有十几万，咱们只有几万人，这仗怎么打呢？”李世民说：“硬拼是不行。突厥兵围得很严，以为皇上送不出消息，不会来救兵。既然如此咱们就来个假造声势，把队伍分成几股，每股多打旗帜，拉长队伍，高举大旗，鸣鼓进军，定能把敌人吓跑。”于是把队伍分成数股，一时间皆举大旗，击鼓行进。

始毕可汗紧围了数十天，琢磨着城中粮草快光了，正准备发起总攻时，忽听探马来报，说中原大军已分数股从关内杀来，忙爬上山头观望，只见多路军旗招展，蜿蜒数十里，鼓声、呐喊声隐约可闻，正向雁门关包抄而来。看那军旗，每股军队至少数十万。始毕可汗大惊，急忙指挥速速退兵，逃回大漠。隋炀帝的围自然就解了。

故事中，李世民的战略核心就是——假造声势。其实，在谈判时，假如我们处于弱势，如果能“假造声势”，往往能唬住对手，从而反转局势。

下面，为大家介绍一些“假造声势”的具体招数。

1. 尽可能大声说话，武装自己的心理，制造压倒对方的气势

声音宏大而响亮的话，可以给对手有信心的印象，自己也能借此产生坚强的信心，进而获得意料不到的效果。在辩论或争吵中，有人会不由自主地提高自己的嗓音，以期盖过对手，这就是对“嗓音可以增强信心”的本能利用。关键时刻，你的声音就是武器。响亮的声音可以给你勇气，而默不作声只能增加你的恐惧感。

2. 占据背光位置，产生威慑对方的效果

站在背光位置上，不但可以给予对方目眩的物理效果，同时也能产生各种不同的心理影响。首先，在背光位置上站立的形象，正如同摄影时拍剪影一样，让对方无法看清自己的表情。相反的，对方的形象却被阳光照遍了各个角落，因而暴露了身体的每一部分，仅凭这一点，就会使谈判对手不安了。何况，置光于后的形象，也能与光融合为一体，使对方对自己产生比实物更大的印象。这种后光照射的状态，首先能使自己在精神上压倒对方。

3. 相持中，身体要摆好架势，震慑对手

在谈判时，人的形体动作也是增强信心的一种武器。俄国著名作家屠格涅夫的散文《麻雀》写了这样一件小事：“一只小麻雀从树上掉了下来，飞不动了，猎狗看见了，便跑过去。这时，一只老麻雀从树上飞下来，挡住了小麻雀，并冲着猎狗张开了全身的羽毛，恶狠狠地盯着猎狗，猎狗竟然呆住了。”麻雀其实是在本能中利用自己的羽毛、动作、眼神这一切天生的武器向猎狗示威，驱除自己的恐惧。例如，体育比赛中，运动员有时为了增强战胜对手的信心，会有意识地昂首挺胸，做出不畏一切的样子。

在谈判过程中，人们会心生恐惧。为了减轻这种恐惧感，自然会虚张声势以壮胆。不过，使用“假造声势”之计的关键是迷惑对手，因此绝对不能让其看出你的破绽。

反复攻击对方未提防处

在谈判的过程中，多数人认为想要使用自己占据主动位置，就一定要攻击对方的要害，否则出击只会白费力气。然而，事实证明，如果我们反复攻击对方未提防之处，哪怕是很小的方面，同样可以动摇其心理。

某次校教务会议上，教务主任担任主持，与会的全部是教务组长及教师骨干。无论是工作汇报，还是业务探讨，一切议程都进行得非常顺利。然而，就在会议快结束的时候，教务主任突然说："在这么重要的会议上，为什么有的人要把鞋子脱掉？"听到这话，某教务组长立刻慌忙地穿上鞋子。谁料，主任又继续发难："经人提醒才能改变态度，这样能胜任组长的职务吗？"只见这位曾经一贯不服管理的教务组长非常羞愧地低着头……

从这次心理交锋之后，教务主任再给那位教务组长分配任务时，便非常地顺利了。后来，这位组长还学会了积极主动地配合主任的工作。

你一定很好奇，为什么那位教务组长受到这种芝麻大小的攻击就会心理动摇了？这是因为出席教务会议的那位组长对学校教学、自身授课及学生管理等问题都准备得十分周全，而受到不该脱鞋的攻击时，实在是大出意料之外，尤其是第二句直接被诘问担任教务组长的资格问题时，心理不能不产生动摇和不知所措。

这种从对方未提防的小问题进行攻击，就像拳击手比赛中在对手没有防范的部位进行攻击一样，很快就会使对方溃败下来。尤其越是知识分子，应对这种突击的心理承受力越是脆弱。

再如，异性交往中，如果男士对女士说一些类似"你的长发真美""你的大眼睛太可爱了"等动听的话，并如此反反复复地强调女孩身体某一部位的魅力，她就会很容易产生整个人都被夸奖的感觉，于是警戒心便逐渐放松下来。倘若男士再懂得趁热打铁，情侣关系的确定更是“水到渠成”了。

正如心理学家所指出的，我们每个人都有放大自我的习性。当别人对我们身上的某些未提防之处进行正面或负面的刺激，无论它是多么的渺小，只要反复进行就会产生很明显的效果。所以，在具体的谈判工作中，运用这一原理应付谈判对手，即反复地攻击其未提防的小问题，虽然方法很简单，却能使对方心理产生动摇，改变对方心理的倾向，乃至立场。

当然，如果对方对这种攻击不屈服，就不要在小问题上下功夫了，置之不理或者幽默机智地应付过去才是上策。这也是为何很多在心理方面堪称高手的政治家总是避免讨论非常细节的问题。

用你的嘴说出他的反对意见

我们把方案带到客商那里去的时候，应当事先就料到对方会提出哪几种反对意见。如果坐到谈判席上，在意想不到的情况下突遭对方的反驳后再支支吾吾地招架，则有失体面。

事先估计到人家会反驳，但只准备一些应答的对策还不够，仍容易被对方打败。那么，应当如何对待意料之中的反对意见呢？

当估计对方会予以反驳时，有这样一种对付的办法：在他们还没有说出之前，你让同伴将预料中的反面意见说出来，然后将其否定。

首先与同伴进行磋商，列举几条意想中的反对意见，事先布置好：“估计对方会以此为理由攻击我们，你先主动地把这个问题提出来！”在谈判中，当同伴讲出了这个意见以后，你马上指出：“不对，这种观点是错误的。”如此这般，将这些反对意见一个一个地化为乌有。同时，你方的几个人之间还可以故意发生争执。这样做不会在对方面前露出什么破绽，反而会在保全对方面子的情况下使其接受你方的方案。

反对意见多种多样，有的可以从理论方面回答，有的无法用语言去解释，只能凭自己的感觉去理解。对方提出的意见可以用道理来说明的部分很好处理，至于那些难以解释的问题，最好还是用内部争吵的方法来解决。比如，数落自己的同伴："你总是提出这类问题，什么时候才能有点出息呢？"只有这种语言才能处理好这种反对意见。

坐在谈判席上，总是有意识地将与会者分为说服的一方和被说服的一方，这种想法要不得。对方有3个人，你方也有3个人，我们应当把这看作是与会的6个人正在共同探讨着同一个问题，而不是3比3的对话。

所以，你方的与会人员有时最好也处在相互敌对的关系上。因为如果总是保持一致对外的姿态，对方就会产生一种随时有可能遭到你方攻击的顾虑。把既成的事实强加于人，这是被说服一方最厌恶的一种做法。

当你方内部互相争论的时候，很容易形成一种在场的所有人都在议论的气氛，结论也仿佛是在对方的参与下得出来的。于是在大家的思想中能够形成一种全体参与、协商的意识。

但是，若只有你一个人在场的时候又该怎么办呢？

无论事先做过多么周密的准备，一旦到了谈判桌上，你仍然会察觉到要有某种反对意见出现。这时，你可以把它处理为临来之前曾经听到公司里有人提出过这种意见。这样，当你发觉这种反对意见即将提出的时候，就抢先说道："在公司里谈论这个方案的时候，有个家伙竟然这样说……"这么一来，不管有没有持这种意见的人，都会产生敲山镇虎的效果。说完以后，你还要征求对方有什么感想。听你这么一说，只要不是相当自信的人就很难说出“我也是这么想的”这句话。即使摩拳擦掌准备提出这种反面意见的人，也不愿落得与“这个家伙”相同的下场，所以只得应付说：“是嘛，这么说可就太奇怪了。”

用这个办法，将对方的反面意见压制住，哪怕只有一次，在以后的谈判过程中对方也就不会轻易反驳了。

还有一个办法：抢先说出对方从他们自己的立场出发所产生的不安和所要承担的风险。比如说：“我如果是经理的话，这种事情太可怕了，恐怕不敢瞎说。”或者说：“也有出现这种情况的可能，所以我如果站在经理的立场上，也会想办法回避。”把自己所预料出现风险的可能性间接地表达出来。在达成协议还是谈判破裂的岔路口上，语气再稍微强硬一些也未尝不可：“如果站在经理的立场上，我会认为，造成谈判破裂要比被迫接受对方的条件可怕得多。”

无论怎么说，反正不能让对方把反对意见先说出口，这与你方的意见让对方说出令对方感到满足是一样的道理。对方的反对意见从你方嘴里说出来，这样做给人留下了对方反驳的观点你方已经研究透了的印象，就可以不费吹灰之力地将其扼制住。

让他跟着你的思路走

对于谈判，我们总希望别人能跟着自己的思路走。可是，每个人都有独立的思维，想要改变他人的想法，让对方按照你的思路来思考问题，是何等的不容易。

要解决这个难题，靠强制性命令来实现是不太可能的，这需要一些有效的心理技巧来一步步地影响他们。下面有几种方法值得参考。

1. 6+1法则

在沟通心理学上有一个重要的“6+1”法则，用来说明这样一种现象：一个人在被连续问6个做肯定回答的问题之后，第7个问题他也会习惯性地做肯定回答；而如果前面6个问题都做否定回答，第7个问题也会习惯性地做否定回答，这是人脑的思维习惯。利用这个法则，你如果需要引导对方的思路，希望对方顺从你的想法，你可以预先设计好6个非常简单、容易让对方点头说“是”的问题，先问这6个问题作为铺垫，最后再问一个最重要和关键的问题，这样对方往往会自然地点头说“是”。

2. 问封闭式问题

封闭式问题是与开放式问题相对的一类问题，这类问题的答案往往是“是”或“不是”，“有”或“没有”，等等，答案只是有限的几个选择。封闭式问题与开放式问题有不一样的作用，封闭式问题可以用来得到你预先设想的答案，例如，你问对方“你有没有结婚”对方的回答可能是“有”或是“没有”，这两个答案都是你事先可以预见的，你可以事先就想好。如果他回答“有”，你如何继续提问；如果他回答的是“没有”，你又该怎么继续提问。预先设计好一系列封闭式问题，可以非常有效地引导对方的思路。

3. 提示引导

提示引导是一种语言模式，用来影响对方的潜意识，使对方不知不觉地转移思路。这种语言模式的基本思路是：先用语言描述对方的身心状态，然后用语言引导对方的思考或是生理状态。例如，你可以说“当你开始听我介绍这个房子的时候，你就会觉得住在这个房间里会很舒服”“当你考虑买这辆车的时候，你就会想到带着你的太太和孩子开这辆车兜风是多么开心的事情”，等等，这些都是提示引导的语言模式，其中“当……，你就会……”是标准的句式，“当”后面是描述对方的身心状态，“你就会”后面是你引导对方进入的状态或思路。

4. 目的架构式谈话

目的架构式谈话就是在一开始就与对方明确这次谈话双方共同的目的，这会很快地将对方的思路引向真正有价值、有利于解决问题的地方。例如，两辆车发生追尾事故，车子都有了破损，两辆车的司机都很气愤，往往一下车就吵架。如果其中一位能使用目的架构，问对方：“这位先生，你觉得我们现在最重要的是解决问题呢，还是吵架呢？”这个问题指出了两名司机重要的不是要吵架，而是要解决问题，然后继续各自的行程。那么双方的争吵可能会立即终止，因为目的架构将对方的思路完全从争吵的状态引到了解决问题上面。

知道了这些技巧，你不妨在谈判工作中应用一下这些巧妙的方法，让对方顺从你的思路，从而达到你的目的。

第七章

摸透意图，看出对方心理

对手的背景要充分了解

几年前，华北某省移动局有一个电信计费的项目，A公司志在必得，系统集成商、代理商组织了一个十几个人的项目小组，住在当地的宾馆里，天天跟客户在一起，还帮客户做标书，做测试，关系处得非常好，大家都认为拿下这个订单是十拿九稳的，但在投标时却输给了另一家系统集成商。

不打不相识，最后双方决定坐下来谈一谈，看看有没有合作的可能性。后来得知，中标方的代表是位长相很普通的李小姐。事后，A公司的代表问她："你们是靠什么赢了那么大的订单呢？要知道，我们的代理商很努力呀！"李小姐反问道："你猜我在签这个合同前见了几次客户？"A公司的代表就说："我们的代理商在那边待了好几个月，你少说也去了20多次吧。"李小姐说："我只去了3次。"只去了3次就拿下2000万的订单？肯定有特别好的关系吧，但李小姐在做这个项目之前，一个客户都不认识。

那到底是怎么回事呢？

她第一次来华北某省，就分别拜访局里的每一个部门，拜访到局长的时候，发现局长不在，办公室的人告诉她局长去北京出差了。她就又问局长出差住在哪个宾馆。马上就给那个宾馆打了个电话，嘱咐该宾馆订一束鲜花和一个果篮，写上她的名字，送到局长房间。然后又打电话给她的老总，说这个局长非常重要，在北京出差，请老总一定要想办法接待一下。

她马上预订了机票，中断其他工作，去这个宾馆找局长。等她到宾馆的时候，发现她的老总已经在跟局长喝咖啡了。

在聊天中得知局长有两天的休息时间，老总就请局长到公司参观，局长对公司的印象非常好。参观完之后大家一起吃晚饭，吃完晚饭她请局长看话剧《茶馆》。

为什么请局长看《茶馆》呢？因为她在济南的时候问过办公室的工作人员，得知局长很喜欢看话剧。局长离开北京时，她把局长送到飞机场，对局长说："我们谈得非常愉快，一周之后我们能不能到您那儿做技术交流？"局长很痛快地答应了这个要求。一周之后，她的公司老总带队到局里做了一次技术交流。

老总后来对她说，局长很给"面子"，亲自将相关部门的有关人员都请来，一起参加了技术交流，在交流的过程中，大家都感到了局长的倾向性，所以这个订单就很顺利地拿了下来。

A公司的代表听后说："你可真幸运，刚好局长到北京开会。"

李小姐掏出了一个小本子，说："不是什么幸运，我的每个重要客户主要领导的行程都记在上面。"打开一看，上面密密麻麻地记了很多名字、时间和航班，还包括他的爱好是什么，他的家乡是哪里，这一周在哪里，下一周去哪儿出差。

在此案例中，中标方的销售代表只与客户接触了3次就成功谈下了2000万的订单，而竞争对手A公司花费了很大的人力、物力也未能如愿，原因就在于中标方的销售代表掌握了客户的关键决策人物——移动局局长的个人资料，并且根据这些资料采取了一系列主攻客户的谈判策略。

首先，打电话到局长下榻的宾馆，请宾馆送一束鲜花和一个果篮到局长的房间，并写上她的名字。

其次，打电话给本公司的老总，请老总亲自去接待一下客户。

再次，请局长参观自己的公司。

最后，请局长去看话剧《茶馆》。

这些行动都是源于客户的个人资料，且直接作用于客户的情感，获得了客户的好感，建立了比较密切的客户关系。最终，在一次老总亲自带队的大型的技术交流之后，李小姐的公司顺利地拿到了这个大单。

每个谈判人都具有感性思维，完全理性的人并不存在。从客户的感性角度出发，打动对方的感情，获得客户的好感，你就已经成功了一半。特别是在与大客户谈判的时候，之前对大客户的家庭状况、家乡、爱好、社会关系、个人发展等方面的资料有一个详细的了解，对于我们在谈判中展开一系列公关活动获得客户信任有很大的作用，有助于促成谈判的成功。

透过表情识谎言

美国的一位心理学家经过长期研究指出，人是爱讲谎话的动物，而且比自己意识到的讲得更多，平均每日最少说谎25次。社会心理学家费尔德曼认为谎言有不同层次之分，而说谎的动机可归为三大类。第一类是“正性谎言”，也就是指一些对生活造成有利影响的谎言，费尔德曼针对这类谎言解释道：“懂得在适当的时候撒谎或扭曲事实，是待人接物的技巧。”第二类是“中性谎言”，这些谎言很多不受意识支配，或者说了也不会对自己或他人造成不利。第三类是“负性谎言”，这类谎言会对自己或他人造成不利。

在商务交往和谈判中，谎言出现的频率极高。在初次见面的时候，对方说“久仰大名，如雷贯耳”“你的这条领带真漂亮”就可能是一种“正性谎言”或“中性谎言”。

当然，对于这些不会影响到谈判实质内容的东西，我们大可不必在意。然而，当在谈判桌上谈到正题的时候，又该如何判断对方的话哪句是真、哪句是假呢？心理学家可以借你一双慧眼。

心理学家研究发现，人在说谎时一般出现会下列情况：瞳孔扩大，音量和声调突变，笑容较少，眨眼太多，频频耸肩（主要指西方人），眼神接触出奇的多或少，说话中带有较多停顿、清喉咙的假动作和“嗯”等语气词，经常摸鼻子，频频吞咽，在说明观点时手臂姿势比平常用得更少，等等。

心理学家指出，识别谎言的一个关键线索就是面部表情。说谎人的面部表情很少表现真实的情感，更多的是为了掩饰内心的感情世界。

人在说谎时容易假笑，而假笑是由于情感的缺乏。纯粹从形式上看，它甚至不能算是欺骗。由于缺乏感情，微笑时神情显得有些茫然，嘴角上扬，一副愉快的病态假象，好像在说：“这绝非是我的真实感受。”

假笑的识别也许比其他的面部表情更为困难，而下面六种面部表情会让一个人的假笑暴露无遗。

（1）假笑时只运用大颧骨部位的肌肉，只是嘴动了动，眼睛周围的轮匝肌和面颊拉长，这就是假笑。因此，假笑时面颊的肌肉松弛，眼睛不会眯起。狡猾的撒谎者会将大颧骨部位的肌肉层层皱起来以补偿这些缺憾，这一动作会影响到眼轮匝肌和松弛的面颊，并能使眼睛眯起，从而使假笑看起来更加真实可信。

（2）假笑保持的时间特别长。真实的微笑持续的时间在4秒以内，其时间长短主要取决于感情的强烈程度。而假笑则不同，它就像宴会后仍不肯离去的客人一样让人感到别扭。这主要是因为假笑缺乏真实情感，所以我们就不知道何时将其结束。其实，任何一种表情如果持续的时间超过5秒钟，那么就有可能是假的。一些强烈情感的展现，如愤怒、狂喜和抑郁等，这些表情持续的时间常常更为短暂。

（3）对于绝大部分表情来说，突然的开始和结束就表明他在有意识地运用这种表情。而只有惊奇这一表情例外，它一闪即过，从开始、保持到停止总的时间不会超过1秒，如果持续时间长，他的惊奇就是装出来的。很多人能模仿惊奇的表情动作——眼眉上挑、嘴巴张大，但很少人能模仿惊奇表情的突然开始和结束。

（4）假笑时，面孔两边的表情常常会有些许的不对称。习惯于用右手的人，假笑时左嘴角挑得更高；习惯于用左手的人，假笑时右嘴角挑得更高。

（5）笑容来得太早或太迟都可能表明是一个欺骗的表情。例如，如果一个人说：“我不是已经和你说过这件事了吗？”然后才勃然大怒，这多半是装的。面部表情和身体姿势应该同时发生，而不是在其之后才发生。又如，一个人在摔完东西之后才表现出愤怒的样子，这实际上是装腔作势。

（6）当一个人悲哀、苦恼、痛苦和有负罪感时，眉毛的内角挑起，前额向中间皱起。不到15%的人能假装出这种表情。

在谈判中，我们一定要注意观察对方的面部表情，因为他的表情会告诉你他是否在说谎。

善于了解对手的需要

谈判时，不同的对手有不同的心理特点，一个好的谈判者，一定善于了解对手的需要，能够抓住对手的心理特征。

下面将谈判对手划分为六种类型，在与他们谈判时，你必须清楚地了解他们的心理特征，根据不同的心理特征对症下药。

1. 沉默寡言的对手

这类对手的心理表现为：“不好应付”的意识很强，想用态度来表示想法。

任何人都有不擅长某事的缺陷。不善于说话的人，对于说话感到很棘手。人类本来是很喜欢说话的，因此不善于说话的人，常常闷闷不乐。这类人拙于言辞，生怕被别人误解或小看。这种想法已支配了他的观念，增加了他对谈判的不安和恐惧感。尤其是无法表达出内心所想而感到焦急愤怒时，他拙于言辞的意识更强。

对于这种类型的对手，很难从他说的话中探知他的欲望。此时你要仔细留意他的任何一个小动作，而且还要弄明白在他的动作后面究竟隐藏着什么要求。

同这类对手洽谈的禁忌：不善察言观色，以寡言对沉默。

2. 以自我为中心的对手

这种对手的心理表现为：你的嗜好和我不一样。

这种对手想获得优越感，并且寻求自我满足。这种心理的形成，大概和他的性格、经历有很大的关系。可是，这并不是说和对你的印象完全无关，如果他对你没有好感，就会强烈地产生出“差别”的感情。

对于装模作样的对手，你要把他当作很高贵的人对待，不要轻易深入他的内心世界，而应以巧妙地维护其自尊心的方式——越谈越亲热的形式，与他结交。

同这种对手洽谈的禁忌：不尊重他，伤害他的自尊心，轻易深入他的内心世界。

3. 不懂装懂的对手

这种对手的心理表现为：虽然不晓得自己是否真的什么都知道，但要装出一副无所不知的样子。

这类对手认为，承认“不知道”就会被对方看出弱点，有可能上当受骗。在其内心，他存有“我才不会那么轻易地被骗”的意识，或“我什么都知道”的自信，以及“我比你能干”的优越感。

对于这种对手，绝对不能拿道理和他辩论。即使你在嘴巴上胜过他，在买卖上也无法胜过他。最好静静地听他讲道理，让他尽情地说，尽情地发泄，这样他就会感到满足。总之，你要采用接受性的对话和随声附和的方式，对于他的质问，只是简明地给予答复。

同这类对手洽谈的禁忌：拿道理和他辩论，一较高低。

4. 容易冲动的对手

这种对手的心理表现为：好奇心强，易激动，热得快也冷得快。他们喜欢新产品，不论是什么产品，只要新奇，就想抢购。特别是最新产品，由于是第一次见到，他们想拥有产品的欲望很容易被激发。

对付易冲动的对手，你要先紧抓住他的心，了解他对什么感兴趣。如果他对谈判人员的“诚实”有兴趣，你就要在诚实方面表现吸引力，在心理上征服对手。

同这类对手洽谈的禁忌：抓不住他的兴趣，打持久战，丧失成交机会。

5. 犹豫不决的对手

这种对手的心理表现为：希望一切由自己做主，不让对方看透自己。

这类对手无论做什么事，都喜欢根据自己的意志做决定，不借助他人之力。他们的头脑很好使，一旦对某事感兴趣，会考虑很多。其结果，也就是更加裹足不前。

对这种类型的对手，必须采取和蔼可亲的方法和他接触，绝不可以强迫；必须观察其反应（特别是非语言的），并掌握当时的气氛，与他保持一定的距离（心理上的、身体上的）；少说话，以行动来取胜。

同这种对手洽谈的禁忌：企图说服他，强迫他接受你的观点；在心理上和身体上过分地接近他。

6. 倔强固执的对手

这种对手的心理表现为：无论如何也要固执到底，拘泥于形式。

这类人很想多听听别人的意见，但他们一旦那样说了，便意味着无论如何也不想退后一步。有些人面对这样的对手，仍要苦口婆心地说服他。可是，越想说服他，他就会越顽固地抵抗，结果不但不能达成协议，反而会造成不愉快。

对于这种对手，你不要奢望立马说服他，最好先做一位忠实的听众。这样一来，对手就会以为你已经接受了他的想法，下次就会有“应该多听对方说”的心理。再顽固的对手，心理上也会有接受别人意见的潜意识，所以，你必须要有耐心，等到对方愿意听你的话为止。

同这类对手洽谈的禁忌：毫不顾忌地驳斥他的观点，企图压服他；缺乏耐心。

对“人”下药，逐个击破

一些难缠的谈判对手，借由各种手段，使你同意那些你不应该答应的事。这些人可以被分为几类，我们可以采取对“人”下药的方式来对他们逐个击破。

1. 自我驱使型的对手

有些自我驱使型的谈判者喜欢炫耀其财富。他们炫耀自己昂贵的服饰、汽车、珠宝，吹嘘自己的豪华假期、奢华住宅、高品位生活。这类人把金钱当作衡量个人价值的标准。

其中有些人是挥霍无度，有的却是以谈判最终达成的数字来反映他们的人格特质。你可能不得不做一些价格上的让步，使他们感受到和现金相关的胜利，才能达成协议，结束谈判。

2. 情绪主宰型的对手

情绪主宰型的谈判对手虽然不会让个人的事物模糊了视野或使他的思考短路，但是一旦和自我相关的问题被触及（或者是由对手说出），就看不清重要的事物。

那些习惯性任由情绪主宰的谈判对手，往往会沉不住气，通常情况下，如果你仍能保持客观和理性，而对手方寸已乱，那么你将处于有利的地位。若你碰到一个机会，可以刺激你的对手，而对方正好是一个自我意识优先、理性其次型的人物，你可能可以赢回在前面谈判所输的部分。

3. 言辞攻击型的对手

有些人会用以下的手法赢得你的让步，譬如，直呼你的名字，质疑你的能力，或对你所穿的鞋品头论足，听起来他们像是最难缠又傲慢的谈判对手，你应该遵循的法则非常简单。

不管对方做语言上的攻击是想牟取战略上的利益，或者只是内心根深蒂固的自傲心理在作祟，这都不重要，而你所要传递出的信息是：

“这个吓唬不了我。”

“这不像是你会做的。”

记住：保持冷静会使傲慢的对方对你印象深刻，因为这类人常想借此试探你，保持冷静，可以使你赢得对方的敬意，而且获得较佳的谈判结果。

深呼吸，告诉自己，对方不能使你同意你不想同意的事情，然后告诉他：

“这不像是你的为人。”

“我不了解你为什么说这么失格的话，让我们回到原先讨论的地方。”

“好吧！我还是认为我们能达成合理的协议，我相信你也如此认为。”

“我不期望听到这些，刚才我们说到哪里了？”

“你平常不会这样说的，到底怎么了？”

4. 权力控制型的对手

假如你遇上的对手，对所有的观点都透过“我”的过滤镜，则很有可能对方是一个强烈渴求权力及控制的人，在谈判过程中，你可以做以下的工作，来获取更多利益。

注意：对权力及控制有强烈渴求欲的谈判对手，会尝试引诱你对自己真正的地位做一场辩论，这时千万别入了对方的陷阱，当你听对方说：“这令人愤怒！”“你可以做得更好！”或“你一定是在开玩笑”时，应保持镇定，要求对方回到正题上来。

对此有以下两点建议：

第一，使用对方所惯用的术语及说话的节拍。努力去“反射”出对手的说话方式，你所获的回报会很漂亮。

第二，很尊重地引用对方的话。我们都喜欢我们说过的话，以赞赏的方式反馈回来。但少数的人酷爱此法，因为这是他们掌控社会情境的明证。

当遇上缺少技巧或市场经验的谈判对手时，不妨先问对方“你觉得我们应该怎么做？”若对控制欲很在意的对手，并没有像你一样做深入的市场调查，他们常会对自己喜欢发号施令或做指示感到后悔。你可以让对方“告诉你该如何”，因为他的失误，你会获得胜利。

难缠的对手多种多样，以上介绍的方法只要融会贯通，举一反三，就能迅速摆脱难缠的对手。

将反诘进行到底

在谈判中，有时对方会故意示好，甚至示弱。遇到这种情况，我们就需要采用必要的方法，才能探听出对方的真实意图。

我们来看下面这位销售员乙是怎么做的：

甲：“其实您应该能够看出我方的诚意，我们想跟您合作是因为贵公司的实力以及业界的声誉，所以，您就不能再考虑一下？”

乙：“考虑什么？通过什么考虑？只是因为贵方的诚意？商业交易，产品质量得有保证，贵方有过硬的资本吗？”

甲：“当然有啊。”

说着，甲顺手拿出一打资料。

“您看，这是我们给上家企业提供的产品，以及他们对产品做出的评价。方同公司您知道吗？这家公司还是不错的。”

乙一听，脸色突然变得不好。

“方同公司？就是你们给他们提供的商品？”

“是啊，您听说过？那就更好办了。”

“是更好办了。现在我可以郑重地跟你说，谈判到此就可以结束了。知道你们把方同害惨了吗？产品质量不达标，外观老旧，一到货就长时间积压，根本卖不出去，这就是你们提供的优良服务？你们的诚意？”

“不会吧，您可能是搞错了。”甲有些慌张，“哦，是我拿错了材料，我马上让人拿对的来，马上就好。”甲似乎更加忐忑。

“可笑！你们是不是也想通过我们在业界的声誉，先把和我们合作的风声透露出去，扩大自己的影响，得名又得利啊？”

“没有，没有，我们根本没这种想法。”

“没给我看资料之前，我真的犹豫不决，你说得真是太好了。又可以让利又可以提供各种优惠服务，这不是天上掉馅饼吗？看了资料我明白了，你是想让我们再成为那个倒霉蛋啊。骗人怎么也不学聪明点，把资料改改呢？”

“没有，没有，您真的误会了，我现在就给公司打电话核实，肯定是有人搞错了。”

“不必了，就这样了。”

在谈判中，如果一方故意示好，一般有两种可能：一是对方实力确实较弱，需要用这种讨好的方式赢得另一方的青睐；二是这是对方的幌子，想借此麻痹另一方获取商业利益。故事中的甲就属于后者。

最开始，乙还没看出对方的真面目，但他一直在用反诘的方式询问对方。用反诘本身就表明乙对甲有些不信任，他想用略带质询的方式让对方自己说出自己的不足。甲虽适时遮掩，却在不经意间说出方同公司的事，此事暴露，乙就更有资本质疑对方。也由此看出了对方的禀性：先通过巧言善辩获得对方的信任，签订合同后，再以次充好，达到损人利己的卑鄙商业目的。

被乙看穿后，甲局促不安，甚至语无伦次。本想通过一贯的伎俩欺骗对方，没想到耐不过对方连番逼问，终将真话讲出，露出马脚。

反诘就是这样，通过不断的质疑，将问题点指向对方，使其处于一种难堪的困窘状态，在不断扩大本方需求与对方供给能力差距的同时，逼对方亮出自己的老底，行与不行，就在于此刻的评估。

同时，对比也可以达到反诘的效果。即拿另一方的实力或者措施与谈判方相比较，在比较中让对方认识到自己的差距，放弃先前不切实际的想法。比如：

“我们公司的产品非常好，还是订购我们的吧？”

“是吗？跟这个行业前十名的公司相比，你们的实力怎么样？产品质量比得过吗？”

这样一问，对方就会在自知没有足够资本的情况下，乖乖闭上嘴巴，收敛起来的。

所以，在谈判桌上，学会用反诘，你在与对手的交锋中就可能占据优势，尽早使胜局向本方偏移。

布下“最后通牒”的陷阱

在谈判中，有些谈判者摆出架势准备进行艰难的拉锯战，而且他们也完全抛开了谈判的截止期。此时，你的最佳防守兼进攻的心理策略就是出其不意，发出最后通牒并提出时间限制。这一心理策略的主要内容是，在谈判桌上给对方一个突然袭击，改变态度，使对手在毫无准备且无法预料的形势下不知所措。对方本来认为时间很宽裕，但突然听到一个要终止谈判的最后期限，而这个谈判成功与否又与自己关系重大，不可能不感到手足无措。因此他们很可能在资料、条件、精力、思想、时间上都没有充分准备的情况下，在经济利益和时间限制的双重驱动下，不得不屈服，在协议上签字。

美国汽车王亚科卡在接管濒临倒闭的克莱斯勒公司后，觉得第一步必须先压低工人工资。他首先降低了高级职员工资的10%，自己也从年薪36万美元减为10万美元。随后他对工会领导人讲："17美元一小时的活有的是，20美元一小时的活一件也没有。"

这种强制威吓且毫无策略的话语当然不会奏效，工会当即拒绝了他的要求。双方僵持了一年，始终没有进展。后来亚科卡心生一计，一日他突然对工会代表们说："你们这种间断性罢工，使公司无法正常运转。我已跟劳工输出中心通过电话，如果明天上午8点你们还未开工的话，将会有一批人顶替你们的工作。"

工会谈判代表一下傻眼了，他们本想通过再次谈判，从而在工薪问题上取得新的进展，因此他们也只在这方面做了资料和思想上的准备。没曾料到，亚科卡竟会来这么一招！被解聘，意味着他们将失业，这可不是闹着玩的。工会经过短暂的讨论之后，基本上完全接受了亚科卡的要求。

亚科卡经过一年的拖延战都未打赢工会，而出其不意的一招竟然奏效了，而且解决得干净利落。

所谓“最后通牒”，常常是在谈判双方争执不下、陷入僵持阶段的时候，对方不愿屈服以接受交易条件时所采用的一种策略。实践证明，如果一方根据谈判内容限定了时间，发出了最后通牒，另一方就必须考虑是否准备放弃机会，牺牲前面已投入的巨大谈判成本。

美国底特律某汽车制造公司与德国谈判汽车生意时，就是运用了最后通牒策略而达到了谈判目标。当时，由于双方意见不一致，谈判一个多月都没有结果，同时，别国的订货单又源源不断。这时，美国底特律汽车制造公司总经理下了最后通牒，他说：“如果你还迟迟不下定决心的话，5天之后就没有这批货了。”眼看所需之物抢购殆尽，德方不由得焦急起来，立刻就接受了谈判条件，于是，一场持久的谈判终告结束。美国这家公司使用的就是最后通牒法，才迫使对方最后屈服。

由此可见，在某些关键时刻，最后通牒法还是大有裨益的。但是，该方法并非屡试不爽，一旦被对方识破机关，最后通牒的威力可能会反作用到自己身上来。这里有一个范例：

美国通用电气公司在与工会的谈判中采用“提出时间限制”的谈判术长达20年。这家大公司在谈判开始的时候，使用这一方法屡屡奏效。但到1969年，工人的挫败感终于爆发。他们料到谈判的最后结果肯定又是故技重演，提出时间限制相要挟，在做了应变准备之后，他们放弃了妥协，促成了一场超越经济利益的罢工。

发“通牒”一定要注意一些语言上的技巧，要把话说到点子上。

（1）提出最后期限，要求谈判者出其不意，而且必须语气坚定，不容通融。运用此心理策略，在谈判中要语气舒缓、不露声色，在提出最后通牒时要语气坚定，不可使用模棱两可的话语，使对方存有希望，以致不愿签约。因为谈判者一旦对未来存有希望，想象将来可能会给自己带来更大的利益时，就不肯最后签约。因此，坚定有力、不容通融的语气会替他们下定最后的决心。

（2）提出时间限制时，时间一定要明确、具体。在关键时刻，不可说“明天上午”或“后天下午”之类的话，而应是“明天上午8点钟”或“后天晚上9点钟”等更具体的时间。这样的话会使对方有一种时间逼近的感觉，使之没有心存侥幸的余地。

（3）发出最后通牒言辞要委婉。必须尽可能委婉地发出最后通牒。最后通牒本身就具有很强的攻击性，如果谈判者再言辞激烈，极度伤害对方的感情，对方就很可能由于一时冲动铤而走险，一下子退出谈判，这对双方均不利。

从注意力看破对方内心

一位心理学家曾介绍过这样一个案例：

这天，妻子的弟弟登门拜访，说他们公司出现了商业间谍，却一直无法查找出来，听说我办过类似的案子，所以来找我帮忙。

“你们公司做的是外贸生意，我可是一窍不通，帮不上什么忙。”我为小舅子倒了一杯水。

他急急忙忙地拉住我，说：“这和生意没关系，我和老板已经锁定了几个人，断定商业间谍就在他们中间，只是，他们都是德国人，还都是高薪聘请来的工程师，所以，在没有确切证据的情况下，我也不好随便开除谁。”

我思考了一下，答应过几天去帮忙看看。

那天，我专门穿上新西装，来到小舅子所在的公司。他的办公室里坐着那3个德国人，我装作客户，和他聊了一会儿，就假装出去接电话。

有意无意地，我提到了几句和小舅子生意有关的话，电话打完后，我也有了结论。事后几天，小舅子来找我，说果然是那个人。他问我是如何找到的，我告诉他，其实很简单，就是利用了人的潜意识心理。

我在假装讲电话的时候，有意无意地提到了小舅子跟我说的几句生意上的事，如果他们中有一个是内奸，必然会十分关注我的谈话，那么他的神情也将出现变化。果然，我在镜子中看到，坐在中间的那个人眉头紧锁，露出倾听的神色。就是这个举动暴露了他。

注意是一种心理状态，它是意识的警觉性和选择性的表现。一切心理活动都有注意的参加，否则，就不能顺利有效地发生、发展。注意可以分为有意注意和无意注意两种。有意注意也称随意注意，是一种有目的、有准备、必要时还需要一定努力的注意。无意注意也称不随意注意，是没有准备的、自然发生的，也就是不需要任何努力的一种注意。有意注意和无意注意往往是交互进行的，因为任何单一的注意都不可能维持长久。

一般来说，突然发生变化的刺激会引起人们的无意注意。比如，平常下班回家看见自己的孩子活蹦乱跳地玩，家长一般不会去注意，因为孩子一贯如此。但如果有一天回家，发现孩子无精打采，一个人在家里发呆，家长就会去注意。

在背景中特别突出的人或事物能够引起人的注意，比如人群中的大高个子。不断变化的刺激，也让人注意，比如电影中不断变化的镜头。对于自己需要的东西，容易引起人们的注意，就像上面故事中的德国人，作为商业间谍，他必然特别关注“我”这个客户所提及的相关生意信息，当他对这些信息投放注意的时候，他的表情就暴露了自己的身份。

注意力的表现因人而异，有的人会将他的注意力表现得十分明显，让人一眼就能看出他在关注什么，但有的人只有轻微的动作。不过这种发自潜意识的举动即便再轻微，也是有迹可寻的。想要看破某人的内心，就从这个人注意力最集中的事情突然攻克，毫无防备的对方就会因为手忙脚乱而露出破绽。

第八章

谈判交锋，适时运用心理操纵

缩短空间距离，拉近心理距离

谈判时，有一种拉近彼此心理距离的隐形方法，那就是缩短空间距离。

请你想一想，在工作中，谁是你最亲近的同事？在多数情况下，他们往往是和你邻近的人，比如说同一间办公室的同事、前后左右离你最近的格子间的同事。即便你们分属于不同的部门，但是因为空间距离的相近，彼此的心理距离也会随之拉近很多。

相同的现象也常发生在大学宿舍里。研究者通过调查发现，许多大学生总是和宿舍里离得近的人最友好，而和那些床位离得远的人不那么友好。更使人吃惊的是，类似的情况也发生在更为亲密的关系中，比如婚姻。例如，美国一个对20世纪30年代某个城市结婚申请的研究显示，1/3的夫妻由双方住所相隔不超过5个街区的人组成，而且随着地理上距离的增大，申请的数量不断下降。而且这些结果还不包括有12%的人在婚前就有相同的地址。

上述这些都说明，空间距离在拉近彼此关系方面有着极大的影响。社会心理学家费斯汀格和沙赫特对住在综合楼房里的已婚大学生的友谊进行了研究。他们发现，在综合楼中，空间的特定结构和人们彼此关系的远近有一定关联。例如，他们发现，一门之隔的两个家庭比间隔两户的两个家庭更可能成为朋友，两门之隔的两个家庭比三门之隔的更可能成为朋友，以此类推。而且，住得离邮箱和楼梯近的人比住得离这类特色结构远一些的人在整幢楼中有更多的朋友。

显然，尽管邻近性并不确保一定会促进彼此关系的发展，但它为彼此关系的发展提供了机会。

为什么邻近性有这种作用呢？原因有以下三个。

（1）邻近的人低头不见抬头见，为了拥有一份美好的心情，人们下意识地就会选择与邻近的人搞好关系。

（2）由于邻近，彼此更容易熟悉，即使是简单的人际互动也会提高彼此的好感。

（3）根据交换理论，人们在互动过程中，总是希望以较小的代价来换取最大的报酬，而邻近性满足了这一要求。

心理学家认为最简单的解释，是“离得近的人比离得远的人更有用”。一个人和我们住得越近，我们就越能了解他，也就越容易与他成为朋友。所以，要想拉近两个人的心理距离就要缩短两个人的空间距离。

在谈判中，如果在宽敞的会议室或接待室洽谈始终没有进展的话，那么不妨把对方拉到饭店或者小酒吧里。这样，最后的交涉往往能成功。想想看，在饭店里面甚至在一个小小的吧台上，彼此肩并肩，促膝而谈，这样身体靠近了，心也就近了，谈话更具有说服力，自然也就更容易获得成功。

销售员在推销自己产品的时候，常常更换位置也是出于同样的道理。

当销售员与消费者面对面而坐时，如果消费者对于是否购买产品举棋不定，那么销售员可以以更好地展示产品为借口，移到消费者身边与他并肩而坐，以非常靠近的方式来说服他，消费者就很可能答应买下产品。

看来，只要你善于利用缩短空间距离的办法，就能有效地拉近彼此的心理距离，这样，谈判过程就会朝着你所希望的方向发展。

吹毛求疵，迫使对方让步

在谈判中，买方常常挑剔个没完，提出一大堆意见和要求，这些意见和要求有的是真实的，有的则只是出于策略需要的吹毛求疵。别小觑吹毛求疵的策略，谈判者若运用得当，可以有效迫使对方降低要求，做出让步。

有人曾做过试验，结果证明双方在谈判开始时，提的要求越高，最终能得到的也就越多。因此，许多买主总是一而再、再而三地运用这种战术，把它当作一种“常规武器”。

有一次，某百货商场的采购员到一家服装厂采购一批冬季服装。采购员看中一种皮夹克，问服装厂经理：“多少钱一件？”“500元一件。”“400元行不行？”“不行，我们这是最低售价了，再也不能少了。”“咱们商量商量，总不能要什么价就什么价，一点儿也不能降吧？”服装厂经理感到，冬季马上到来，正是皮夹克的销售旺季，不能轻易让步，所以，很干脆地说：“不能让价，没什么好商量的。”采购员见话已说到这个地步，没什么希望了，扭头就走了。

过了两天，另一家百货商场的采购员来了。他问服装厂经理：“多少钱一件？”回答依然是500元。采购员又说：“我们会多要你的，采购一批，最低可多少钱一件？”“我们只批发，不零卖。今年全市批发价都是500元一件。”这时，采购员不急于还价，而是不慌不忙地检查产品。过了一会儿，采购员讲：“你们的厂子是个老厂，信得过，所以我到你们厂来采购。不过，你们的这批皮夹克式样有些过时了，去年这个式样还可以，今年已经不行了。而且颜色也单调。你们只有黑色的，而今年皮夹克的流行色是棕色和天蓝色。”他边说边看其他的产品，突然看到有一件衣服，口袋有裂缝，马上对经理说：“你看，你们的做工也不如其他厂的精细。”他仍边说边检查，又发现有件衣服后背的皮子不好，便说：“你看，你们这衣服的皮子质量也不好。现在顾客对皮子的质量要求特别讲究。这样的皮子质量怎么能卖这么高的价钱呢？”这时，经理沉不住气了，并且自己也对产品的质量产生了怀疑，于是用商量的口气说：“你要真想买，而且要得多的话，价钱可以商量。你给个价吧！”“这样吧，我们也不能让你们吃亏，我们购50件，400元一件，怎么样？”“价钱太低，而且你们买的也不多。”“那好吧，我们再多买点，买100件，每件再多30元，行了吧？”“好，我看你也是个痛快人，就依你的意见办！”

于是，双方在微笑中达成了协议。

同样是采购，为什么一个空手而回，一个却满载而归？原因很简单，后者采用了吹毛求疵的心理策略，他对商品进行故意的贬低，让自己的话去干扰商家的思维。他将商品一丁点儿的瑕疵放大到很大，让商家觉得理亏，同时又让他觉得自己很精明，是个行家里手。

款式过时，颜色单调，怎么还要那么高的价钱？质量有问题，价钱总得降一降了吧？买你100件，每件多加30块，这样总该满意了吧？

不断地揪出产品所谓的毛病，不断地提出问题，精明的采购员在提问题的同时，也是不断挑战对方底线，降低自己成本的过程。他的每一个问题都有针对性，而他眼里的毛病也不一定是产品真正的瑕疵，这只是一种心理策略。一开始意志坚定的经理在采购员的问话下慢慢变得不自信，也开始怀疑自己的产品像面前的这个人说的一样，毛病不少，于是他真的考虑降价了。

卖场里是这样，谈判桌上同样如此。精明的谈判者会抓住对方的漏洞和不足，作为迫使对方让步的筹码。

“朋友，你们合同里的这部分符合规定吗？”

“你们的产品真的完美无缺吗？”

不管这些是不是对方的问题，先提出来，对方就会好好想想，而他想的过程，很可能就是退让的过程。一来一往间，本方的谈判筹码和信心激增，另一方却被你的问话术搞得思维凌乱，谈判也失去了往日的章法。一旦达到这样的效果，谈判桌上占据主动的将是你，而不是对方。

总的来说，如果你能巧妙地运用吹毛求疵的心理策略，无疑会为你增益不少。吹毛求疵并不难，但注意一定要把话说到位。

装傻示弱，熬到对方妥协

大多数人认为，一个优秀的谈判者应该是一个风度翩翩、伶牙俐齿、反应敏捷和精明干练的强者。其实，在实际的谈判场合中，往往表面上弱势的人，比如口才笨拙、个性愚钝的人，反倒容易达到目标，在别人看来很明显的缺陷反而转变成了有利条件。

很多著名的谈判专家都谈到过和那些犹豫不决、愚笨无知或固执一端的人打交道时所产生的挫折感。如果一个人听不进另一个人的解说，就如同让野兽去享受贵重祭品，让牛去欣赏高雅的音乐。的确，在一个根本听不懂你在说什么的人面前，再精辟的见解、再高深的理论、再高明的技巧，又能起什么作用呢？没有了对手，你还有什么精神去冲锋陷阵呢？

所以，在适当的时候，你可以收敛自己的锋芒，向对方“示弱”，以消除对方的排斥感和敌对心理；松懈他的警惕性，助长他的同情心，使谈判朝着有利于你的方向发展。你不妨常常把“对不起”“我不太理解”“你能再说一遍吗”或者“我全都指望你帮我了”之类的话挂在嘴边，直到对方兴致全无，一筹莫展，完全丧失毅力和耐心。

日本某航空公司和美国一家公司谈判。谈判从早上8点开始，美国人完全控制了局面，他们利用手中充足的资料向日本人展开宏大的攻势。他们通过屏幕向日本人详细地介绍、演示各式图表和计算机结果。而日本人只是静静地坐在那里，一言不发。两个半小时之后，美国人关掉放映机，扭亮电灯，满怀信心地询问日方代表的意见。

一位日方代表面带微笑、彬彬有礼地答道：“我们不明白。”

“不明白？什么地方不明白？”

另一位代表回答：“都不明白。”

美国人再也沉不住气了：“从哪里开始不明白？”

第三位代表慢条斯理地说：“从你将会议室的灯关了之后开始。”

美国人傻了眼：“你们要怎么办？”

三个日本商人异口同声说：“请你再说一遍。”

美方代表彻底泄了气。他们再也没有勇气和兴致重复那两个半小时的紧张、混乱的场面。他们只得放低要求，不计代价，只求达成协议。

在这个事例中，美方代表是有备而来的，日方代表如果和他们正面交谈，肯定很难占到便宜，因此日方代表索性收敛锋芒，宣称自己什么也不懂，反倒打乱了对方的阵脚，获得了成功。

在谈判中，我们有时会遇到攻击型的对手，他们咄咄逼人、气势汹汹。对这种人采用“装傻示弱”的方法，往往能收到很好的效果。

一般说来，攻击型的人都认定对方会激烈抵抗自己的攻击，所以，一旦对方不加反驳，反而坦白承认自己的错处时，就会狠狠地挫败攻击者的气势，令他不知如何是好。这就好像一个人运足了全身的力气挥拳向你击来，你不但不还手，反而后退走开，对方那种尴尬的感觉恐怕比挨一顿揍还要难以忍受。

送一顶“内行”帽子

不管是怎样一个人，如果在任何方面都被人当作外行来看待，他肯定会怒不可遏。因此，要摆出一种把他当作内行的姿态，使他产生良好的感觉。对方的感觉虽然好多了，可是又觉得有一种压力：“这一下可不敢随便讲话喽。”

说一些巧妙的话让对方觉得自己是个内行，能极大地满足他的自尊心和虚荣心。“帽子”一旦给他扣上了，他也就不敢随随便便“瞎扯”，这时候你将处于引导优势，使谈判的胜算又添加几分。

比如，对手是电脑生产厂家的经理，你说道：“有关电脑方面的问题，经理是内行，我在这里只不过是班门弄斧……”把自己学到的一些有关电脑的知识和信息讲给他听，当然其中要含有对手不知道的信息，但千万不要形成你在教对手的局面，这样会伤对方的自尊心。在这种毫无意义的地方破坏对方的情绪是不应该的。

如果你想把对方再抬得高一点儿，还可以请个同伴作为第三方来陪你演场戏。例如，当着经理的面，你对同伴说：“你是外行，根本不懂。对于经理来说，这些只不过是常识问题。”有意说给经理听。这么一来，气氛被烘托起来，就可以提出问题与对方谈判了：“我作为广告方面的内行，是这样想的。也希望您给予我们指教。”逼迫对方意识到自己是内行，就不能提出让人耻笑的意见。

给对手戴上了一顶内行的帽子，谈判也就不会在无意义的地方卡壳了。因为内行人往往说话不多，只是在关键问题上把一把关。而外行人往往是东拉西扯，喋喋不休，只顾枝叶而忽视本质，一旦卷入这种讨论之中，话题将越扯越远。在同一个问题上说来说去是会谈中最该避免的。谈判不可倒退，而应以既定的方针为前提不断前进。

即使对手是个外行，你硬把他当作专家来对待，对你的谈判也是非常有利的。对方既然摆出了不懂装懂的样子，他就要自尊自重，对细节问题的提问和指责也会变得十分谨慎，这样你就可以经常处于主动状态，畅通无阻地将谈判的内容展开。

拒绝不是说“不”字

在谈判中，讨价还价是难免的，也是正常的，有时对方提出的要求或观点与自己的相反或相差太远，这就需要拒绝、否定。但若拒绝、否定死板、武断甚至粗鲁，就会伤害对方，使谈判出现僵局，导致谈判失败。高明的拒绝应是审时度势，随机应变，有理有节地进行，让双方都有回旋的余地，使双方达到成交的目的。

在谈判中，我们拒绝对方提出的建议时，一定要真诚地处理，有效地沟通。同样的一个“不”字，通过不同的方式传递给对方，结果是不一样的。

下面介绍谈判中几种婉言拒绝的技巧。

1. 委婉暗示拒绝法

这种方法就是不直接用语言明确地拒绝对方的要求，而是以各种比较含糊的语言或表情态势来向对方传递己方不能接受的信息。此外，在谈判中使用一些敬语，也可以表达你拒绝的愿望，传递你拒绝的信息。

2. 先承后转拒绝法

为防止被拒绝一方产生对抗心理，我们应从人们普遍期望得到尊重、理解的心理需求出发，先从对方的意见中找出双方均不反对的某些实质内容，从某个适当的角度予以肯定与认可，找出其中的共同点，表达对对方的理解与尊重（先承）；然后再就双方看法不一致的内容进行比较平静与客观的阐述，以启发和说服对方（后转）。

这样一来，由于对方先获得了被尊重、被理解的心理满足，双方心理上的距离拉近了，当后来被拒绝时，会感到己方比较通情达理，因而由被拒绝而引发的心理不协调就会大大削弱。

3. 引诱自否拒绝法

面对谈判中对方提出的某些己方认为不合理的过分的要求、失实的指责，最好不要直言反驳，不要拍案而起、反唇相讥。可用引诱自否法，即先不马上答复，而是旁敲侧击地提出一些经过构思的问题，诱使对方在回答中不知不觉地否定自己原来提出的要求或观点。

4. 补偿安慰拒绝法

为避免因为拒绝而引起对方不快，我们可以采用这样一种技巧，就是在答复拒绝的同时，在心理需求和物质利益上，在己方力所能及的范围内，给对方以其他方面的适当补偿，以缓解对方因失望而带来的心理不平衡。

5. 你不退我不退拒绝法

即当对方提出己方所不能接受的要求或意见时，己方不受对方的牵制，不采取直接拒绝或反对的方式，而是针对前面谈判中对方拒绝己方意见的某些要害问题，以攻为守，再次要求对方退让，使对方处于被要求给予理解的位置而忙于招架。这样一来，如果对方坚持不能退让，也就不得不主动放弃要求己方做出较大退让的要求了。

6. 局限抑制拒绝法

在谈判中，假如对方提出的要求超过了己方所能承受的程度，而且运用其他晓之以理的方法仍无法摆脱对方的纠缠，为了使对方真正意识到再磨下去也是白费劲，不妨在对方面前摆出一些自己无法逾越的客观上的障碍，表示自己实在力不从心、爱莫能助，从而使对方在放弃纠缠的同时对自己的拒绝给予谅解。

打破僵局，靠的是心机

谈判的内容通常牵涉很多项目，所做的准备必须要充分，才能够应付各种谈判的僵局。常见的用以打破僵局的策略与技巧主要有以下几种。

1. 从客观的角度来关注利益

在谈判中，要尽量照顾到双方的共同利益。如果处理不当，谈判双方都固执己见、不肯让步，就会由此引发矛盾陷入僵局。此时，就需要找到一项平衡双方利益的方案，建立一套客观的办事原则、程序或衡量事物的标准，来打破这种僵局，使谈判进行下去。

2. 对原则问题要寸步不让，据理力争

如果业务洽谈陷入僵局完全是由于对方提出的不合理要求造成的，特别是在一些原则问题上表现得蛮横无理时，你就要做出明确而又坚决的反应。因为这时任何其他替代性方案都将意味着无原则的妥协，而一味地让步往往不是解决问题的好办法，只会增加对方更多的欲望和要求。因此，要据理力争，让对方自知观点难立，能够更为清醒地权衡得失，从而做出相应的让步，打破僵局。

3. 设身处地，从对方的角度来观察问题

当谈判陷入僵局时，如果我们能够做到从对方的角度思考问题，或使得对方站到己方的立场上来思考问题，彼此之间就能够多一些理解，消除误解与分歧，找到更多的共同点，积极地推动谈判的进程。

4. 抓住对方的漏洞借题发挥

如果谈判中对方某些人采取了不合作的态度或试图恃强欺弱的做法，运用从对方的漏洞中借题发挥的方法做出反击，往往可以有效地使对方有所收敛。

5. 换一种双方更容易接受的方案

不论是国际业务洽谈，还是国内业务磋商，双方之间磕磕碰碰是很正常的事情。这时，谁能够创造性地提出可供选择的方案，谁就能在谈判中掌握主动权。当然这种替代方案需要既能有效地维护自身的利益，又能兼顾对方的利益要求。

有时，在谈判后期，虽然双方的总体利益及其各自的划分已经通过谈判确认，但只要正式的合同尚未签订，总会留有未尽的权利、责任、义务、要划分的利益和一些需要确认的细节。在大局已定的情况下，要一方表现得大度一些，稍微让步也未尝不可，以免在谈判快要结束时陷入僵局。

沉得住气，无机可乘

谈判就是一场心理对决，最先感受到压力承受不住的一方，往往会沉不住气，出现心理混乱的表现。这时，如果再遭到对手的攻击，甚至无力的一推，就很容易成为输的一方。因此，能否沉得住气，对谈判来讲至关重要。

卡耐基认为：在谈判双方尚没有签署协议之前，最好不要公之于世，而且不能让对方知道你的用意。如果即将签署的协约在政治上有某种意义的话，是绝对不能声张的。一旦让对方知道这个协议你是非签不可的话，他就会乘机让你做出非常大的让步，而你为了顾及面子不得不忍痛割爱。

1977年，当时的英国首相詹姆斯·葛拉翰在召开政党大会时宣布，政府准备和波兰政府签署一份价值1亿英镑的造船协议。这项声明的用意是要提升他在工党里的声望。

但是这种方式使他谈判的防卫力量减弱。他公开了这项协议，必然引起公众的注意，那么，身为首相的詹姆斯·葛拉翰必然会签署这份协议，否则首相的面子就会挂不住。但是，在他宣布时，这项协议还没有签署，双方还在谈判。

首相在政党大会宣布这项造船协议之前，英国政府代表就乘飞机抵达了波兰，而正当双方准备签署这份协议时，詹姆斯·葛拉翰首相宣布签署造船协议的消息传到了波兰。因此波兰谈判代表在即将签署协议时，忽然提出了几项原本不打算提出的条件。这几个条件大都是要求英国在财务及付款上做出更进一步的让步，价值约100万英镑。英国代表立即向首相请示，詹姆斯·葛拉翰明知道这份让步过大的协议会使英国政府至少损失100万英镑，但是为了维护首相的形象，他只得回答："照签！"

在协议签署之前，公布谈判意向并不一定都是坏事，但是，在双方为彼此的利益仍在讨价还价时就公布这一事件，显然不太明智，尤其是签署在政治上有一定意义的协约之前，一定要严守秘密。一旦被对方知道你已经造成了必须签署此协议的局势，只要双方还没有在协议上签字，对方依然有提出要求的权利。而你的选择只有两个：谈判破裂或做出更进一步的让步，这两种选择都会给你造成巨大的损失。

因此，作为谈判者在协议还没有正式签署之前，一定要沉住气，不要给对方制造可乘之机。

以逸待劳，以静制动

《孙子兵法》中讲"以近代远，以逸待劳，以饱待饥，此治力者也"，也就是说，双方交战时，不一定要用进攻的方法才能将对方置于困难的局面，只要做好充分的准备工作，养精蓄锐，等疲劳的敌人来犯时，给予敌人迎头痛击，一样能达到制胜的目的。伺机而动，以不变应万变，以静制动往往能在竞争中占据优势。

“以逸待劳”是现代商场上经常用到的一计，你不需要直接采取进攻的行动，只要积极防御，以盈养亏，以亏促盈，待竞争对手出现漏洞时，再攻其不备，出其不意，就很容易在竞争中取胜。

市场变幻莫测，行业间摩擦此起彼伏，机会稍纵即逝。在这个每时每刻都充满着竞争、风险的环境中，任何一个公司，哪怕是稳坐“庄家”的“老大哥”都不可能一直独占鳌头。可能今天你还是一支“绩优股”，明天或许就会变成一支不折不扣的“坏股”。

既然我们不可能在竞争中永葆胜利，就要学会攻守兼备，适时转移或者退步。当时不利己时，退回来休养生息，不和对手硬碰硬，等待时机，瞅准机会反过来推翻对手。在和对手进行斗智斗勇的过程中，要耐得住时间，耐得住各种各样的诱惑和小恩小惠，保持良好的自我状态，才能获得自己真正的需求。

英国友尼利福公司的经营之道就是“以退为进”“以静制动”，他们有一个基本的信条，即“不拘束于体面，而以相互利益为前提”。只要最终能赢得利益，即使暂时要妥协、退让或者不够体面也没有关系。因为，在一些特殊情况下，只有甘愿妥协退步，才能赢得时机发展自己。退一步，有可能会获得进两步的空间和机会，结果还是自身获益。所以，在这一信条的引领下，英国友尼利福公司在企业经营和生意谈判中常常采用退让策略。

非洲东海岸是一块非常适合栽培食用油原料落花生的地方，那里不仅土壤肥沃，温度和气候也恰到好处，落花生每年的产量都很高。友尼利福公司就是看好这一点，所以在那里设有大规模的友那蒂特非洲子公司。这里是友尼利福公司的一块宝地，也是其主要财源之一。然而，第二次世界大战结束后，随着非洲民族独立运动的兴起和发展，友尼利福公司这些肥沃的落花生栽培地一块块地被非洲国家没收，这使该公司面临极大的危机。

怎么办呢？跟非洲政府和人民抗争到底，还是妥协退让？面对这种形势，公司内部经过长时间的激烈讨论之后，经理柯尔对非洲子公司发出了6条指令：

第一，非洲各地所有友那蒂特公司系统的首席经理人员，迅速启用非洲人。

第二，取消黑人与白人的工资差异，实行同工同酬。

第三，在尼日利亚设立经营干部养成所，培养非洲人干部。

第四，采取互相受益的政策。

第五，逐步寻求生存之道。

第六，不可拘束体面问题，应以创造最大利益为要务。

不仅如此，柯尔在与加纳政府的交涉中，为了进一步获得对方的信任，还主动把自己的栽培地送给加纳政府，从而获得了加纳政府的好感。俗话说“舍不得孩子，套不住狼”，果然，没多久，加纳政府为了报答他，指定友尼利福公司为加纳政府食用油原料买卖的代理人，这就使柯尔在加纳独占专利权。同样，在同几内亚政府的交涉中，柯尔使用了同样的“伎俩”，表示愿意自行撤走公司，他的这种坦诚的态度又赢得了几内亚政府的信任，因而允许柯尔的公司留在几内亚。柯尔在同其他几个国家的交涉中，也都坚持采用退让政策，结果，在“迂回战术”的连连使用下，柯尔的公司不仅没有真的退下来，反而光明正大地站稳了脚跟，公司就这样平安地渡过了难关。

做生意要像做人这样有进有退，有所为有所不为。必要的退让可以换来更大的利益，一味地咄咄逼人则有可能使你陷入死胡同。学会“以逸待劳”“以静制动”，才能后发制人，克敌制胜。但是，退让策略的运用，既要适时，又要得体，一定要充分掌握对方的心理活动，再“对症下药”地安排策略，这样才能万无一失地取得成功。

黑白脸策略拿下对方

在谈判中，一味地用和气、温柔的语调讲话，一个劲儿地谦虚、客气、退让，有时并不能让对方信赖、尊敬及让步，反而会使一些人误认为你必须依附于他，或认为你是个软弱的谈判对手，可以在你身上获得更多更大的利益。

相反，如果你一开始就以较强硬的态度出现，从面部表情到言谈举止，都表现得高傲、不可战胜、一步也不退让，那么留给对方的将是极不好的印象，这样会使对方对你的谈判诚意持有异议，从而导致失去对你的信赖和尊敬。

正确的做法应当是黑白脸轮番上场。须知，强硬与温柔相结合，能使人的心态发生很大的变化。强硬会使对方看到你的决心和力量，温柔则可以使对方看到你的诚意，从而可以增强信任和友谊。在谈判中，软硬兼施的心理策略被谈判者普遍采用。凭软的方法，以柔克刚；又用硬的手段，以强取胜。

有这样一个生动的例子：

某厂长要为工厂采购一批生产仪器，原打算购买30台，其中20台是非买不可的。

这位厂长是一个外表极其严肃的人，按照约定的时间来到了与供货商订好的谈判地点。孰料，厂长态度强硬，没有任何退让和可以商量的余地，仪器供货商极其反感和愤怒。所以，双方始终针锋相对、寸利必争，谁也不让谁。正因如此，谈判在充满火药味和极不友好的气氛中陷入了僵局。无奈，双方不欢而散。然而，供货商恼火之余，却万万想不到，这种谈判结局以及对方的反应其实是厂长刻意营造的。

厂长本人是不能再参与谈判了，于是他派遣了自己的私人助理来和供货商继续谈判。再次谈判之前，厂长告诉自己的私人助理，没有必要把30台仪器全部争取到，只要能够争取到必须得到的20台就足够了。这位助理于是带着厂长的真正目的与对方进行谈判。

谈判过程中，这名助理并没有采取厂长强横霸道的谈判方式，而是充当了一个老好人的角色，和对方推心置腹地交流看法和思路，使谈判重新回到友好和谐的气氛中，因此这次谈判与前次谈判的结果完全不同，助理很快搞定了一切——拿下了全部30台仪器。

这一结果令厂长大感意外，他惊喜地询问自己的私人助理是怎样取得这样的胜利的。助理告诉他说："事情很简单，因为每次谈不拢时，我都会问对方是希望和我解决这个问题还是希望留给厂长您解决？结果对方每次都是很痛快地接受了我的要求，就是这样。"

在这个案例中，厂长的角色是"黑脸"，而他的助理扮演的是"白脸"。谈判刚开始时，由唱黑脸的厂长率先登场。他强硬、苛刻的表现只有一个目的：使谈判对手对这种谈判产生极大的反感或者畏惧。当谈判双方气氛紧张，不欢而散的时候，就要由唱白脸的助理登场了。他表现得一团和气，以诚恳的态度，合情合理地对待对方，其目的就是扮演和平天使的角色，使对方产生“总算松了一口气”的感觉。就这样，黑脸白脸一唱一和、软硬兼施，实现了从仪器商那里争取到30台仪器的目的。

可见，在谈判中，当谈判一方处于被动或劣势的时候，可以先软后硬、硬了再软，或一波三折、软硬交叉，来促使谈判成功。黑白脸轮番出场，往往会大获全胜。

这种心理策略的基本做法非常简单：在谈判过程中，由小组的一个成员扮演强硬派即“黑脸”的角色，在谈判开始时果断地提出较高的要求，以后又必须坚定不移地捍卫这个目标，在谈判中态度坚决、寸步不让，几乎没有任何商量的余地。此时，由小组的另一个成员扮演温和派即“白脸”角色，寻求解决问题的办法，然后在以不损害“黑脸”的“面子”的前提下建议做出让步。

当然，这种黑白脸策略也可以由一个人同时扮演，只是何时出软招、何时出硬招，一定要把握得恰到好处，这样才能使谈判的效果最好。

采取黑白脸策略要求本方的谈判者必须配合默契，在重大问题的处理上事先要有共识和约定，能进退自如。什么时候应当坚持强硬立场，什么时候持合作态度，什么问题必须达到本方要求，什么问题可以满足对方，在时机与“火候”上都应把握好。初涉谈判或经验并不丰富的谈判者，要谨慎地运用这种策略，否则可能会适得其反。

陷入僵局，如何打破

赖瑞克是位商业设计家，而且是个非常懂得进退之道的设计家。

“广告的设计和印刷的品质力求精确，是商业设计中不可或缺的一个要求。”他说，“但在编辑要求快速完稿，时间非常紧迫的情况下，错误却是难免的，但往往那些编辑人员并不会替你设想这么多，而只知道一味地吹毛求疵。”赖瑞克讲了一个刚发生的故事以说明他是如何让步而让双方皆大欢喜的。

“最近我把一份在紧急状况下完成的设计图交给了编辑人员，未料作品才刚送到，对方就拨电话过来，将我刻薄地数落了一顿，这还不算，他还专程把我叫进编辑室，毫不留情地挑出设计图的毛病，一一批评指责。我当时很气愤，可是我没有发火，而是对他说：‘很抱歉！替您做了那么久的设计工作，却还不能令您满意，实在是我的不对，我有责任在设计上达到您要求的标准，对于这样的过失，我实在羞愧万分。’他听到这，口气才软了下来。”

“‘其实也没那么严重，只是……’”

“我马上又接口应道：‘但我知道任何一点错误，都将带给您时间和金钱上很大的损失。’”

“他本来想再插嘴安慰我几句，但我并没让他这么做，而是继续说道：‘是我太过疏忽，您提供我那么多工作机会，说什么也不能不让您满意，我还是重新再为您设计一份好了！’”

“‘不！不！’他忙不迭地应道：‘不必那么麻烦！其实你的设计还是很好，只是有一点点地方需要修改，并不是你想象的那么严重。’”

“最后，他愉快地请我吃了顿饭，而且分手时，又给我提供了另一个设计工作。”

其实，任何一个人都知道让步与妥协的好处，但却只有最聪明的人，才会勇于做出妥协让步。对于谈判而言，任何一方坐到谈判桌上来都是为了成功达成协议，而绝不是抱着失败的目的前来谈判的。

因此，当谈判陷入僵局时，我们应当清醒地认识到，如果促使合作成功所带来的利益要大于坚守原有立场而让谈判破裂所带来的好处，那么，适当的让步就是我们应该采取的策略。

让步的基本原则是以小换大，这就要求谈判者既要缜密思考让步幅度，又要恰到好处，使对方的利益也得到一定的满足，从而达成共识，实现双赢。

在己方认为的重大问题上，必须坚持原则，但对于一些细枝末节的问题，可以不必过分计较。尽最大可能让对方在原则问题、重大问题上先让步，而己方在对方的强烈要求下，在非原则的、次要的、较小的问题上让步。

在一些特别敏感的观点上先让步，可以利用在敏感观点上达成协议的良好氛围，在谈判中获得双赢。当然，这些让步必须是你可以割舍、容忍的。

在没有损失或损失不大的情况下可以做出适当的让步。

灵活运用隐晦的让步，例如说：“你的问题我可以考虑。”

当无法得到全部时，可以争取得到一半；当一半也得不到时，至少也要得到对方的承诺。谈判专家称它为一种“打了折的让步”。

要敢于说“不”。如果你对对手多次说“不”的话，对手就会对你的话加以重视。当然，在说“不”的时候，要有耐心，而且要注意前后一致。

保持放松并做出等待的姿态，让对方先说出用什么条件来交换你的让步，不要轻易表态接受对方最初的让步。

搞清对方所需要的是哪些让步，不管这些条件是不是你所在意的，你都可以将它们作为谈判的武器，来迫使对方也做出让步。

在制订谈判计划时，可以将自己可以做出让步的条件排出次序，将具有实际价值和没有价值的让步条件区分开来。

在你做出让步之后，又心生悔意时，不要沮丧，在没有签订协议之前，还有挽回的余地，千万不要因为难为情而迟迟不敢提出要求。

熟知了让步的基本原则后，我们就应该知道在谈判中应如何让步，怎样让步才能既获得利益，又照顾对方，使合作的期限得以延长。

利用“误听试探法”

在谈判过程中，谈判人员总是认认真真地按既定的方法步骤与对方进行谈判。殊不知，有些时候，这些办法是收效甚微的，那么这种时候何不采用“误听试探法”呢？它能有效地促进成交。我们以下面这个销售案例来说明这个问题。

销售人员：“喂，你好。刘经理吗？我是远方经贸有限公司的李慧，上星期一我到你们厂里来过，你还记得我吧？”

客户：“哦，李慧，你不就是那个远方公司做广告的吗？”

销售人员：“刘经理记性可真好。我们这个杂志广告是面对全国大建筑公司免费赠送的，市场反应相当好。通过我们的牵线搭桥，不少公司都取得了明显效益。而且据我们调查，你们公司新开发的几种石材，市场反应也很好，应该大力推广。”

客户：“哎呀，小李，我们在晚报和一些全国性的大报上都做了一些广告，但是效果都不太好。所以我们不打算做广告了，还是按照老的销售路子走。”

销售人员："您说的也对，花钱没有效益，谁也不愿意再做。但我想主要原因是，晚报是针对大众的，不够专业，而我们这个杂志是免费赠送给专业人士和单位阅读的。一般来说，大的买卖还是与这些专业建筑队成交的。是吧？"（诱导拍板人说出肯定的回答，同时也是诱导他对回答做出解释，以俟机采用误听试探法。）

客户："对，这方面我们有一定的老客户。老客户对于我们这14种石材反应都相当好，很受欢迎。"

销售人员："哦，你们主要是针对这4种石材进行推广。"（第一次采用误听试探法。）

客户："不，是14种。"（通常在我们用误听试探法时，拍板人会对我们的错误加以纠正。我们可以利用这个纠正，认同对方欲做出购买决定。）

销售人员："哦，那你就要准备14张石材照片，和一些相关的文字资料说明，两小时之后我来取。"（用认同购买的技巧促使成交。）

客户："好的。"

销售人员："那好，不耽误您的时间了，两小时后见。"

就这样，李慧用误听试探法做成了交易。

在具体的谈判过程中，我们应该充分运用这种方法，给谈判对手来个小小的误导。比如说，在谈判进入胶着状态时，你就要开动脑筋，找寻一个能够对对手造成误导的关键点，围绕这一关键点来一招儿误听试探法。这样一来，很有可能会打破谈判的僵局，收获意外的惊喜。

多用带“所以”的句子

两家食品公司的谈判经过了连续两天的艰苦努力后终于可以告一段落了。不过在谈判即将结束的时候，甲公司觉得要了解一下乙公司对下一阶段的规划。

“细算下来，咱们的谈判已经持续三个月了，感觉怎么样？”

“还可以，比预期的好。”

“就是说虽然有问题，还是对接下来的新阶段充满信心？”

“差不多吧。”

“所以，按我的理解就是，咱们还有进一步发展下去的可能？”

“当然，为什么不呢？”

谈判的最高境界就是让谈判双方走向双赢。自己分得一定利益，同时要让对方知道他也能分得“一块”，这样“蛋糕”才能越做越大。其中，还有一个说话技巧：多用“所以”，少用“但是”。

一定程度上讲，由“所以”引领的疑问句不仅是对对方意见的总结，更是对他说出的话的延续，是对两方共同点的集合。这样的说话方式能使谈话的内容充分展开，给对方留下这样的印象：我们在讨论同一个问题，至少有诸多共同语言和继续发展的可能性。

当双方在交谈中产生矛盾时，可以说：“我们只是表达方式和所处的地位不同，其实说的都是一回事，所以，谈话其实还是可以继续下去的，您觉得呢？”把话引导到双方共同的目标上来，寻找到谈判成功的最佳途径。

相反，如果彼此耿耿于怀，各朝各的方向发表议论，双方在心情上都会有一种蒙受了损失的感觉，于是就会相互抱怨自己损失的那一部分让对方赚去了。这种状态下的谈话怎么会取得双赢的结果？

当谈判经过一定阶段后，对方会存在试探和等待心理。这个时候如果用词不当，会让对方有一种对立的感觉，对整个谈判进程产生不利影响。

所以，和对方交流时，应尽量避免使用转折连词。多用“所以”“因此”等接连词，给对方散发一种友好信号。这里的“所以”是一种顺接，是为了让话题更顺利地进行下去。

要想在谈判中获得最大利益，就要多使用带“所以”的句子，将双方的共同点更多地集合在一起，双方共赢的概率才会更大。

适当转移话题，调动对方谈兴

适当转移话题，调动对方的谈兴，是谈判过程中常用的一种方法。

比如，有些事通过直言争取对方的应允已告失败，或在自己未争取之前就已经明确了对方不肯允诺的态度，在这种情况下，就应该采取委屈隐晦、转移话题的办法了。

所谓“委屈”就是不直接出面或不直取目的，而是绕开对方不应允的事情，通过另外一个临时拟定的虚假目的做幌子，让对方接受下来，当对方进入自己设定的圈套之后，自己的真实目的也就达到了。所谓“隐晦”就是掩盖自己的真实目的，以虚掩实，让对方无从察觉。表面上好像自己没有什么企图，或者让对方感到某种企图并非始于自己，而是另外一个人。这样，对方可能就不再有戒备和有所顾虑，要办的事情处在这种无戒备和无顾虑的状态中显然要好办得多了。

委屈隐晦的最大特点就是含而不露或露而不显，在具体运用时有些小窍门需要认真领悟。

在运用这种技巧时，谈判者首先要了解对方的心理和情感，这是谈判者必须掌握的说话技巧的基础。我们也只有在了解对方的心理和情感的基础上，才能正确地选择在谈判场合该讲什么，不该讲什么，哪些话题能够打动对方的心，能使对方产生共鸣。

人的情感是一种内心世界的东西，一般是捉摸不定，较难把握的。但是，在有些场合，人的内心的东西又常常通过各种方式而外露。如果我们善于观察听者的一举一动，并能据此加以分析和推测，那么，我们是基本上可以掌握听者的心理和情感的。

某中学老师悉心钻研中国古典文学，出版了近20万字的一本有关诗歌的书籍。该校的文学社小记者得到情况后就到这位老师家采访。小记者让老师介绍写书经验，只见那位老师面带难色，认为这只是一个专题学习，谈不上什么经验。

小记者抬头望着墙上的隶书说：“老师，这隶书是您写的吧？”

老师：“是的！”

小记者：“那么请您谈谈隶书的特点，好吗？”

这正是老师感兴趣和愿意谈的话题。师生之间的感情逐渐变得融洽起来。

这时，小记者不失时机地说：“老师，您对隶书很有研究，我们以后还要请您多加指导。不过，我们现在十分想听听您是怎样写成《中国诗歌发展史》这本书的。”此刻，老师深感盛情难却，也就只好加以介绍了。

由此可见，当某个话题引不起对方的兴趣时，要有针对、有选择地挑选新的话题，以激起对方的谈兴。比如，同运动员谈心理与竞技的关系，同外交人员谈公共关系学，两人肯定会一拍即合，谈兴大发。

值得注意的是，换题以后，谈判者还要注意在适当时机及时将话头引入正题。因为换题只是为了给谈正题打下感情基础，而非交谈的真正目的，所以，当所换之题谈兴正浓，双方感情沟通到一定程度时，谈判者就要适可而止，将话锋转入正题。

20世纪80年代，广东省某玻璃厂就玻璃生产的有关事项同国外某玻璃公司进行谈判。在谈判过程中，双方在全套设备同时引进还是部分引进的问题上发生了分歧，各执一端，互不相让，使谈判陷入僵局。在这种情况下，玻璃厂的首席代表为了使谈判达到预定的目标，决定主动打破这个僵局。可是，怎么才能使谈判出现转机呢？谈判代表思索了一会儿，带着微笑，换上一种轻松的语气，避开争执的问题，向对方说："你们公司的技术、设备和工程师都是一流的。用一流的技术、设备与我们合作，我们能够成为全国第一。这不但对我们有利，而且对你们也有利。"

对方公司的首席代表是位高级工程师，一听到称赞自己公司的技术、设备和工程技术人员，就十分高兴，谈判的气氛一下子就轻松活跃起来了。我方代表看到对方表示出兴趣，则趁势将话题又一转，说道："但是，我们厂的外汇的确有限，不能将贵公司的设备全部引进。现在，我们知道，法国、比利时和日本都在跟我们北方的厂家搞合作，如果你们不尽快跟我们达成协议，不投入最先进的技术和设备，那么你们就可能失去中国的市场，人家也会笑你们公司无能。”

由于我方代表成功地奏出投其所好、开诚布公、国际竞争扭转局面三部曲，使双方的僵持局面完全被打破，在和谐的气氛中，双方在一个新的起点上进一步讨论，最后终于达成了对我方有利的协议。

因此，当你与别人谈判进入某种僵局时，你最好采取适当转移话题的办法，从另一个角度同对方谈话，以此调动对方的谈兴。然后在不知不觉中，你再把话题拉回来，顺利达成你的谈判目的。

第九章

实施心理加压，使对方就范

有效控制客户的时间

在谈判过程中，“争夺时间”是一项有效的心理战术。在谈判阶段，争夺时间就是通过一些小的手段占据对方时间的一种行为。

从心理学角度来说，你占据了对方一定的时间，就表明你具有随心所欲操纵对方时间的能力。因此，我们应该尽可能地根据自己的情况决定见面的时间，尤其是大型的谈判，切不可说“根据您的时间定吧”。

谈判是一场博弈，胜在心理战术。如果对方提出要在星期几或是哪天见面的话，你一定要做敲定具体时间的人。也就是说不能让对方从头到尾掌握控制权，这才能防止在见面时被对方的气势压倒。

在谈判中，气势是最重要的，它决定着交易的成功，决定着取得更高的价格优势等。如果可能的话，你要扮演掌控对方时间的角色。这样从一见面，你就把对方放在了一个比你低的位置上。最简单的方法就是让对方等你。让对方等你也就是占据了对方的时间。

美国加利福尼亚州立大学的心理学家罗伯特·莱宾教授指出：让对方等待时间的长短，取决于这个人的重要程度。比如在高校里，能让学生长时间等待的教授往往会被认为是重要人物。心理学家詹姆斯·帕鲁斯和卡萨力·安达克曾做过一个非常独特的实验，实验结果为，大学课堂上如果讲师上课迟到，学生只会等10分钟，如果10分钟后讲师不到，学生就会回去；如果是副教授迟到，学生们能等20分钟；如果是教授上课迟到的话，学生们可以等30分钟。由此可见，随着地位的提高，一个人能占据对方的时间也会增加。

在与人谈判的过程中，如果谈判已经非常深入，而你想在下一次谈判中让对方答应你的要求，那么可以尝试比约定的时间晚几分钟再去，这是一个有效的心理战术。如果迟到几十分钟的话，会让对方觉得你很没有礼貌。但如果只迟到几分钟的话，一般情况下完全没有问题。这样，占据对方的时间就成为一个事实，这时，你留给对方的就是“我是一个重要人物”的印象。

还有一个细节，就是在谈判过程中，请同事或秘书给你打电话，然后对对方说：“对不起，我接一下电话……”让对方等你5分钟左右，这也是一种谈判技巧。通过占据对方的时间，无形中就取得了非常重要的心理优势，让对方得到一种你很忙的感觉。

同样，如果对方控制了你的时间，最有效的反击办法是让对方产生愧疚感。例如，当你判断出对方是故意比约定的时间来得晚的时候，你一定要特意强调“没关系，我真的不在意你迟到了”，这样很容易就会让对方在心理上产生愧疚感。

斯坦福大学的心理学家麦力鲁·卡鲁史密斯博士和威斯康星大学的阿兰·克劳斯博士曾经通过实验证明，心中怀有愧疚感的人容易服从对方。在实验中，他们让一位学生（不知情的被实验者）使用电器造成对方休克（实际上对方并没有受到电击），在这之后，这位学生对对方提出的毫无道理的要求的服从率是通常情况下的3倍。

因此，在对方占据了你的时间后，让他产生愧疚感，是一种有效战术。

除却愧疚感的影响力，对于占据你时间的情况，还有一种反击办法，就是再去占据对方的时间。比如，当对方因为临时的电话或其他情况对你说“抱歉，请稍等”，然后离开时，你可以把自己的资料在桌子上摆开，不慌不忙地工作。即使在对方回来之后，你也完全可以以一句“请稍等一下”让其等待，自己则低头继续工作。这样就又占据了对方的时间，通过一来一回的时间争夺，在谈判中就取得了相对的平衡。

如果你恰好没有什么事情来打发这段时间，也可以随便和谁打个电话。要注意，在对方回到座位之后，不要立刻挂电话，而是让对方再稍等一会儿。这样也能给传达出“我非常忙”的讯息，无形中给对方施加压力。

此外，还应关注的一点是将占据对方的时间与对方占据你的时间保持平衡。如果对方占据了你5分钟，那么你就随便和谁打个电话，再占据他5分钟。如果对方占据了你10分钟，那你就夺回这10分钟。

运用控制时间来获取心理优势，对谈判结果起着非常有益的作用。

控制客户的空间

在某种程度上，地位高的人可以侵犯地位低的人的隐私和个人空间。例如，老板可以旁若无人地进入部门经理的办公室、部长可以不敲门就进入科长的办公室、父母可以不经过同意直接进入孩子的房间……为什么会这样？

在心理学的解释中，这属于“空间侵犯权”。也就是说一个人的地位越高，能够占有的空间就越广阔。相反，地位越低，拥有的空间就越有限。这就是为什么经理可以有独立办公室，而员工却只能挤在一个办公室里，和大家共享一个空间。

在谈判中，能不能控制对方的空间与能不能占到优势紧密相连。比如，谈判是和对方面对面坐着交谈，想要摆出强硬有力的姿态的最好方式，是不露痕迹地把自己的水杯及记事本等个人用品往前放，这就取得了侵犯对方空间的作用。而把自己的笔和资料等物品“咚”的一声放到桌子上，一下占去大半张桌子的情况则被称为“做标记”，其隐含的意思是“这是我的空间”。这会给对方施加无形的压力。

另一种情况是在站立时，站立也需要抢占空间。初次与客户见面一般会先站着寒暄一下。当彼此不熟悉的时候，相距的间隔为60～80厘米，而在这段距离产生的同时，心理的较量也已经开始。从心理学的角度来看，当两个人面对面站着时，右脚迈出一步，以一种要包围对方左侧的姿势靠近对方，会得到心理上的优势地位。

当然，在谈判中，“我的地盘”在人们的心里同样起着不容小觑的作用。进行谈判时，你应该尽量让对方来你的公司或者选择自己熟悉的场所，特别是第一次见面的时候。因为在熟悉的环境中，就不会产生不必要的紧张，并且能给对方施加心理上的压力。就如同体育比赛中“主场”和“客场”的概念，经调查分析，任何球队在主场获胜的概率都远大于客场。

美国田纳西大学的心理学家萨德斯·特劳姆和卡洛伊曾经做过一个实验，实验的内容是让大学生们讨论问题，实验地点在大学生的宿舍。实验过程分为“在自己的宿舍讨论”和“打扰别人，在别人的宿舍讨论”两种情况。实验中，萨德斯·特劳姆和卡洛伊用秒表悄悄记录了在自己宿舍发言人的发言量以及以“客人”的身份去别人宿舍发言人的发言量。结果表明，在自己宿舍里讨论的大学生能够自由发言，与此相对，作为客人时却发言不多。而且，当讨论过程出现两个人意见不一致的时候，往往是在自己宿舍的人的发言占绝对的优势。

这个实验清楚地表明了空间对心理的影响，也就是说“在自己的领地进行谈判，必然能获得心理上的优势地位”。

在谈判中会经常有招待客户的情况，这时选择自己常去的饭店已经是大家的常识。因为你熟悉的饭店就好像是你的领地，能够让你获取心理上的“主场”优势。而如果是接受对方的招待，则最好事先去招待场所看一下，熟悉招待场所的基本信息，会有助于减轻心理压力。

适当拉长谈判的战线

人的意志就像一块钢板，在重压之下会变形，如果时间短的话，它还可以恢复原貌，但是，时间一长，它就会在压力下保持弯曲的状态。这样的情况在我们的生活中也很常见，当你进入一个新环境的时候，尤其是环境恶劣的情况之下，你会压抑、痛苦、烦躁等，各种负面情绪都会爆发出来，但是，时间一长，人的适应性会让你自己觉得，你身边的一切似乎也不是那么不可接受。

同样的情况也会出现在谈判中，谈判时各种恶性阻碍都有可能涌现出来，成为谈判的雷区。而面对这种情况的时候，你可以让时间来淡化这些负面因素对谈判的影响，就像钢板一样，让它们慢慢地弯曲。也就是说，你可以拉长谈判的战线，其实，有些条件并不是那么不可接受，谈判空间还是很大的，你要尽力压缩对方的要求，挤榨出多余的成分。我们将这种策略称为“拖延战术”。

为了更好地说明这个问题，我们可以来看看下面这个案例。

有一家物流公司，总部位于巴基斯坦南部海岸的卡拉奇市中心。这家公司有合同在身，要替美军向阿富汗运送重要器材。公司刚完成了一单活，报酬是53万美元，用百元美钞付现。公司在卡拉奇接到现款后，将钱分成两半。一半送到西北60英里的海德拉巴市，剩下的26.5万美元留在卡拉奇市，由公司的一位员工——贾迪德·卡恩在其家中负责保管。但就在几天后，这位员工被绑架了。

当谈判专家准备好谈判事宜之后，绑匪来了电话。不知道是因为绑匪没有经验，还是过分紧张，当他们在要赎金的时候，竟然出了差错。

“我们要200万卢比！”这是绑匪成员之一尤素夫。

“好的，200万卢比，没问题。”听到这个数字挺让人意外的，200万卢比兑换成美元的话，才2.2万。这并不是一个让人不可接受的数字。

但是，对方的声音忽然变得懊恼又无奈起来，“不，不是的，是200万美元！你听错了！”

“嘿，伙计，我敢肯定，你刚才说的是200万卢比。”

从这一点来看，对方并非职业绑匪，这样，谈判小组制定的策略就可以更有针对性。每次绑匪一来电话，谈判小组就会不停地询问人质的情况，这种更多的语言交流，让他们有机会能够从录音重听之中获取很多有用的信息。从绑匪所犯的错误来说，他们或许只是一些投机取巧的低水平小贼，渴望着用这种手段一夜暴富。

第一通电话绑匪开价200万美元，而谈判小组不打算在一开始就妥协，他们想要拖延谈判时间，因为对方并非职业绑匪，所以拖的时间越长，把事情办成的希望也就越大。所以，谈判小组狠狠地划价，只承诺6万美元的赎金。

第二天，谈判小组有了新的策略。他们想要向绑匪传达一个信息——公司已经撇下人质不管了，所以，期望从公司那里拿到大笔赎金是不可能的。现在能够赎出人质的只有人质的家人，而他的家人不是富翁，他们拿不出太多的钱。“嘿，朋友，我想让你知道，现在卡恩的公司已经‘撂挑子’了，能帮助卡恩的只有他的家人，你知道，普通人家是拿不出很多钱的。”

“少废话，人质都是有钱的！”尤素夫有些气急败坏。

“朋友，你要知道，我们其实是想和你达成协议的，但是，如果卡恩出事了。你们就真的一毛钱都没有了！”

“那就……100万吧！”尤素夫有些松动。

“我们再去和他的家人商量一下吧！”谈判小组还是不想及早同意，因为他们知道，在这样的情况下，时间拖得越长，对谈判人员来说就越有利。之后，谈判小组又接到了一个电话，这是另一个绑匪成员阿布打来的电话，他是来确认赎金的（他以为赎金还是200万）。

“朋友，不对啊，尤素夫不是说已经降到了100万了吗？”

“我去确认一下……”之后，从电话里传出两个人争执的声音，最后，阿布拿起电话回答，“我不知道你在说什么”。看样子，他似乎想赖账。

“朋友，昨天我们已经和尤素夫谈到了100万，你肯定弄错了。”

之后，绑匪又来了电话，他仍然坚持200万。谈判小组佯装生气，“嘿，你们也太乱了吧！昨天电话里你们还开价100万！这怎么交易啊！”

之后的谈判中，谈判小组把6万提高到了7.5万，而绑匪仍然坚持100万。然后，谈判小组又提高到9.7万，而对方松口后仍然要求50万。后来，对方降到37.5万，最后，谈判小组以25.2万达成了协议。这个时候，已经是谈判进行的第8天了。

“已经砍到这么低了，我还不如杀了他！”

“你就算让他身首异处然后寄给我们，我们现在也没办法多给你钱呀，朋友！”

最后，绑匪又来了一通电话：“好吧，我答应你们，我太累了。”

在实际洽谈中，这种隐性阻碍还有很多，对付它们，拖延战术是颇为有效的。不过，必须指出的是，这种“拖”绝不是消极被动的，而是要通过“拖”得的时间搜集情报，分析问题，打开局面。这是你制定相应策略的一种方式，这意味着你在拖延的过程中，既要提取、分析对方的信息，也需要控制对方的情绪，然后，在研究的基础上，给予对方反馈，这种反馈是一种良性的，即我们希望达成协议的意愿是统一的。你需要不停地暗示和刺激对方这一点。否则，一味地拖延时间，而没有任何有效的行动，不仅会让对方的情绪更加消极，还会让对方质疑你合作的诚意。一旦对方有了这样的质疑，你的策略就很可能有反面效果。

在这个策略运用的过程中，你是通过延长谈判时间来达到自己的目的和制造良性的效果的。那么，这个策略都需要达到什么目的和效果呢？我们来看看下面的内容。

第一，消磨意志。人们在短时间内，非常容易守定坚持，态度会十分坚定，目的十分明确。但是，时间一长，人们的意志就会逐渐被消磨掉，更多的惰性就会奔涌而来，这个时候，也是对方倦怠松懈的时候，谈判的弹性和空间也将变大。

第二，获取好感。谈判势必会存在讨价还价，但是有些讨价还价需要一个缓冲。对方提200万，你砍到6万，谁都会觉得可笑和不能接受。但是，与其在一开始就针锋相对，为此争论，还不如双方都留出更多时间，逐渐地达到彼此能够接受的协议。

第三，扫除阻滞。谈判中可能会存在很多问题，如果谈判时间过短的话，就容易处理得仓促。但是，如果有充足的时间，就能够有更充足的准备，针对问题制定全面的方针。

第四，等待时机。准备充分，好感到位，方针明确，在这样的条件之下，你就能够找到最好的时机促成协议。比如，对方疲惫不堪的时候，哪怕他觉得自己吃些亏也是可以接受的。这个时候，就可以一鼓作气地促成谈判。

削弱客户立场，掌控对方

在与人每一次的谈判中都会有满足和不满足的因素存在，双方都会出现一些需要克服的反对意见。面对反对意见，你用什么方法来解决，将直接影响你与对方谈判的成功与否。

戴尔先生曾和一位珠宝商交涉，戴尔先生妻子的视力不太好，她所使用的手表的指针，必须长短针分得非常清楚才行，可是这种手表非常难找。他们费尽了心力，总算在那位珠宝商的店里找到了一只戴尔太太能够看得清楚的手表，但是，那只手表的外观实在是不尽如人意。也许正是这个原因使得这块手表一直卖不出去。珠宝商给这块手表的定价是200美元，这对戴尔先生而言似乎贵了一些。

戴尔先生告诉珠宝商，这块表200美元太贵了。

珠宝商告诉戴尔先生，这块表的价格是非常合理的。因为这块表精确到一个月只差几秒。

戴尔先生告诉他，时间精确与否并不是很重要。为了证明自己的观点，戴尔先生还拿出了他妻子的天美时表让珠宝商看："她戴这只10美元的手表已经有7年了，这只表一直是很管用的。"

珠宝商回答："哦！经过7年时间，她应该戴只名贵的手表了。"

议价时，戴尔先生又指出这只手表的样式不好看。

珠宝商却说："我从来没有见过这么一只分针和时针长短如此分明的手表。"

最后，他们以150美元成交。

处理对方的反对意见时要圆滑、委婉，不至于使谈判陷入僵局。要运用削弱对方立场的方法来掌控对方。练习以下步骤，也许会为你成为谈判高手提供一些帮助。

第一步：在谈判之前，先写下己方的优势和缺点。

第二步：记下一切你能想到的、可以被对方挑剔的缺点或考虑不周之处。

第三步：让朋友或同人尽量提出反对的意见，然后练习回答这些反对的意见。

第四步：当对方提出某项反对意见时，要在回答之前，了解问题的症结。

第五步：当你了解问题的症结后，前后权衡一下，看看问题是否容易应付。若是容易应付的反对意见，便可以利用现有的证据加以反驳。

第六步：利用反问来回答对方，诱导对方回答你“是”。例如，你销售汽车时不妨询问客户：“你是不是正在为昂贵的维修费烦恼着？”而客户的回答很可能是肯定的。既然客户不喜欢昂贵的维修费，那么你就可以乘机向客户介绍你销售的汽车的优点了。

第七步：不要同意对方的反对意见，这样会加强对方的立场。如果你说：“是的，我们生产的汽车维修费用是很高，但是……”如此之举就属于不明智了。

第八步：假如对方所提出的反对意见令你非常棘手，那么你就要以委婉的语气来回答，然后再指出一些对对方更有利的优点。

利用竞争优势压制对方

在实际的谈判工作中，谈判者最容易获得的不是心理优势，而是心理劣势。他们承受着来自市场、竞争对手以及对方谈判力量的三重压力，在面对公司的大客户时，常常会出现如履薄冰、谨小慎微的心态。这种心态导致的结果是：只要对方稍加压力，他们会屈服而做出让步的决定，使对方更加大胆地运用自己的心理优势来索取更大的利益。

一家外贸公司为开发市场，与一家韩国企业洽谈招商业务。这家韩国企业是一个大客户，外贸公司派出一位业务员与对方交涉了足足两个月。不过，韩国企业一直拖着不签协议。

外贸公司的一名业务经理这时主动请缨，并提出保证三天完成任务。业务经理通过调查，发现韩国企业其实也需要外贸公司的服务，只是想通过拖延获得更大的利益。鉴于此，业务经理一到北京，立即联系了这家韩国公司，但他并没有马上要求与对方见面。

直到第三天，业务经理才约见韩方经理。见面后，业务经理直接切入正题，将公司的条件重新说了一遍，并将所有需要的文件、协议等都准备就位。韩方经理仍想继续采取拖延战术，不过，经过两天的等待，韩方经理也摸不透业务经理到底有何打算。

在提出是否签协议时，眼见韩方经理仍在推托。业务经理对韩方经理说：“谢谢您的款待，您的工作也很忙。既然这次合作还有问题，那我们下次再找机会。”他的话让对方很吃惊：“我们并没有拒绝这次合作。”

业务经理平静地对韩方经理说：“我是专程为此次合作而来，我们与贵公司已经交流了两个月，却迟迟得不到结果，我认为贵公司缺乏足够的诚意。既然我们可能无法合作，我只有去找别的合作者，再次感谢您的款待。”

业务经理的话，一下将韩方经理逼得没有了退路。已经完全丧失心理优势的韩方，表示愿意签署协议，合作最终取得成功。

业务经理在联系对方后，并不立刻会面，这向对方传达的信息是对方在自己眼里并不是非常重要，从而消除对方心理上的优势，使自己处于有利地位。

如何在谈判中占据心理优势？这需要谈判人员准确把握对方需求的紧迫程度，以及自己所提供的产品或服务的可替代性。一般而言，如果对方需求越紧迫，己方就越容易获得心理优势；公司提供的产品或服务越稀缺，公司在面对客户时就越有心理优势。

如果你是卖方，有一客户的用户指明订购你的产品，这个客户就不得不与你达成交易，否则他的用户就会抱怨甚至投诉。在与这种客户谈判中，无论他们如何掩饰其焦急的心情、如何表现得镇定自若，他们心里依然会认定你更有优势。

同样的道理，如果谈判对手的长期供应商不能及时供货，或者产品质量出现了问题，而你是最佳的替代对象，他们在谈判时也会认为你更有优势。上述这两种情况说明一个道理：真正决定谈判中心理优势的不是谈判技巧本身，而是需求本身。如果你的产品或服务具有不可替代性，或者对方需求迫切，你就很容易获得心理优势。

尽管我们强调决定心理优势的根源在于客户的需求本身，但这并不妨碍一些谈判技巧对心理优势的建立产生着微妙的影响。比如，在谈判刚开始的时候双方通常会“暖场”，就是讲一些无关大局的话。经验丰富的谈判者知道，这是在为自己建立心理优势，为引导对方的心智创造条件。

在谈判中，谈判技巧有很多，最常使用并且效果最佳的方法就是利用竞争优势来压制对方。采用这种方法的谈判者会在事前对谈判对手前进行充分的调查，谈判时突然拿出数据资料来证明自己在市场竞争中处于优势，或证明谈判对手在市场竞争中处于劣势。缺乏经验的谈判者面对这种情况，会立刻手足无措，顷刻间失去了所有的优势。

在这种场景中，心理素质决定着谈判的优势。首先我们要明确一点，只要对手愿意和你一起坐在谈判桌上，就意味着你手中有对手希望获得的资源，就意味着与你合作要优于与你的竞争对手合作，否则他们没必要浪费时间和精力与你讨价还价。所以，千万不要被对方所营造的虚幻的心理优势所击倒，要站稳阵脚。

开门见山，直逼其要害

在谈判这种需要决胜负的交际场合中，单刀直入、开门见山是制胜比较常用的方法。这种方法主要是在面对特殊的话题或特殊的对手，使自己难以组织说理性的攻击时而采用的一种较为简便但又能慑服对手的一种战术。

所谓开门见山，其意就在于要求谈判者不拐弯抹角，一开口就切入正题，造成先声夺人的气势，给对方一个措手不及。

开门见山式的话语通常是谈判者在事先准备好的。也就是说，在谈判之前，对对手的实力进行理性的分析后，用一两句能让对方躲闪不及又必须正视的话语来开场，以此搅乱对方的正常心态，使之在混乱中做出对其不利的反应。

在充分研究材料、掌握对方情况的前提下，抓住要害、单刀直入、开门见山，一开始就接触问题的实质，趁对方未加防范时，使对方失去平衡，以夺取谈判中的精神优势，获得先机之利。

战国时，齐国的孟尝君主张合纵抗秦，他的门客公孙弘对孟尝君说："您不妨派人到西方观察一下秦王。如果秦王是个具有帝王之资的君主，您恐怕连做属臣都不可能，哪里顾得上跟秦国作对呢？如果秦王是个不肖的君主，那时您再合纵跟秦作对也不算晚。"孟尝君说："好，那就请您去一趟。"公孙弘便带着十辆车前往秦国去看动静。

秦昭王听说此事，想用言辞羞辱公孙弘。公孙弘拜见秦昭王，秦昭王问："薛这个地方有多大？"公孙弘回答说："方圆百里。"秦昭王笑道："我的国家土地纵横数千里，还不敢与人为敌。如今孟尝君就这么点儿地盘，居然想同我对抗，这能行吗？"公孙弘说："孟尝君喜欢贤人，而您却不喜欢贤人。"昭王问："孟尝君喜欢贤人，又怎么样？"公孙弘说："能坚持正义，不屈服于天子，不讨好诸侯，得志时不愧于为人主，不得志时不甘为人臣，像这样的士，孟尝君那里有三位。善于治国，可以做管仲、商鞅的老师，其主张如果被听从施行，就能使君主成就王霸之业，像这样的士，孟尝君那里有五位。充任使者，遭到拥有万辆兵车君主的侮辱，像我这样敢于用自己的鲜血溅洒对方的衣服的士，孟尝君那里有七位。”

秦昭王笑着道歉说：“您何必如此呢？我对孟尝君是很友好的，并准备以贵客之礼接待他，希望您一定要向他说明我的心意。”公孙弘答应着回国了。

有的时候，一言就能定输赢，紧紧抓住要点，一针见血，给人一种简洁、干练的感觉，而冗长的客套话往往会引起对方反感。

在谈判中，开门见山的表达方法，可以说明自己的信心、信念和不可动摇的意愿，并以一定的口吻促使对方改变原来的主意，不再犹豫，不再因考虑细枝末节而就关键性的问题和你再三商榷。

此外，这种心理战术在谈判中常以发问形式出现。如果对方避而不答，可以追问他们不答复的理由。若答复不能自圆其说，或其所说不利于发问者，因发问者早有准备，胸有成竹，可以立即进行辩驳。

一般情况下，开门见山的发问，对被问者来说都是不好对付的。正由于此，被问者在慌乱中往往会出现词不达意或越答越错的现象，这样，发问者便可以轻而易举地将对手击败了。

堡垒须从内部攻破

郭磊是一位负责电信综合管理系统的销售代表，近日，他把一家邮电管理局列为自己的准客户。要拿下这个客户，他必须攻克两道难关，一是作为决策人的邮电管理局局长，二是负责具体操办的计划处处长。郭磊拜访了相关部门，但是一直没有见到局长和计划处的处长。

但客户就要发出需求书了，郭磊必须在需求书发出之前拜访局长和计划处的处长。于是郭磊的上司，销售经理刘文立即从上海飞到客户所在的城市，协助郭磊进行此次销售工作。

刘文决定干脆直接去局长的办公室找他。邮电管理局上午8：30上班，郭磊和刘文在8：15就来到局长的办公室门口。这是等到局长的最好时机，等局长一开始工作，就很难打断他了。一会儿，一个40多岁的男士朝办公室走来，俩人猜他就是局长，于是硬着头皮上前打招呼。

“请问，是胡局长吗？”

“你是？”

“我是参与电信客户综合管理项目的×××公司的销售经理，我叫刘文，我们是部里电信综合管理系统选定的厂家之一。我昨天拜访了电信处，今天就要离开了，所以在离开之前上门拜访您。事先没有预约，请您原谅。”

“我马上要去开会了。”

“那好，我只占用您几分钟的时间。”

“不行，我马上就得走了，我的会议很重要。”

胡局长斩钉截铁地拒绝了刘文的请求，他甚至不肯让刘文他们进办公室。但如果这时离开客户的办公室，就很难再有机会拜访了，刘文就两手空空地白跑一趟。可是胡局长已经讲得很清楚，再纠缠下去就显得无理了。

“我今天就要离开了，既然您非常忙，我就不耽误您的时间了，但是我能不能见一下相关部门的负责人呢？比如计划处？”

“行，这事归他们管，你去找他们谈吧。”

“他们好像也不方便接待。”

“谁说他们不接待，我给他们打个电话。”说完，胡局长拿出手机，“老陈，我这里有两个×××公司的人要去见你，你接待一下。”

“你去见计划处的老陈吧，他在四楼。”胡局长打完电话对他俩说。

两人连忙道谢，并与胡局长交换了名片，表示一定再次登门拜访，握手道别之后，两人直奔计划处。

刘文和郭磊刚到门口，陈处长就亲自迎了出来，而且把他们迎进了贵宾室。寒暄过后，刘文进入了主题。

“陈处长，我们这次专程来拜访您，是为了这次的电信客户综合管理系统的建设。我们希望能与贵局在这个项目中有合作的机会。您对这个全省性的项目有什么要求呢？”

“电信客户综合管理系统？这个项目归电信处和信息中心管。”

“您说得没错，电信处是最终的使用部门，信息中心负责设计和以后的维护。计划处现在还没有参与进来，但重要的项目都要经过计划处的把关，这个项目是明年省局提高客户服务质量的重点，是一个非常重要的项目，在关键时刻，您一定会帮助他们把关，是吗？”

“那是下一步的事情了。”

“我同意您的说法，作为一个供应商我们非常想听听您对这个项目的看法，因为您的意见对这个项目的发展非常重要。而且刚才胡局长也让我们跟您谈谈，他也非常重视您的观点。”

“是吗？胡局长这样讲？”

“对呀，要不然他为什么给您打电话呢？我看在这个项目中您的意见很重要。您对这个项目的看法是什么呢？”

陈处长讲完，又叫相关人员来介绍项目的情况。1个半小时之后会谈结束了，刘文邀请陈处长共进晚餐，陈处长接受了邀请。

在这个故事中，郭磊作为公司的销售代表，准备拿下一家邮电管理局作为自己的客户，但是他遇到了很大的困难：即他尝试了几次也没能见到客户的关键决策人物，但时间紧迫，情况不容乐观。

郭磊的上司——销售经理刘文立即从上海飞过来，和郭磊一起采用了直接拜访的策略。但是胡局长因为要开会拒绝了他们的拜访，眼看就要白跑一趟了，刘文急中生智要求见相关部门的负责人，胡局长欣然同意，还帮他们给计划处打了个电话。这个电话的作用非同小可，计划处陈处长亲自出迎，与以前避而不见的情形正好相反。

在与陈处长的交谈中，面对陈处长的托词，刘文巧妙地提到了胡局长，利用胡局长对陈处长施加影响，果然，陈处长的态度有了很大转变，由拒绝变得配合起来，下面的交谈也就更加顺畅了。

世界上没有无法攻破的堡垒，并且，堡垒往往是从内部攻破的。从刘文利用胡局长和陈处长之间的关系促成谈判的过程中，我们可以看出，有的谈判虽然看起来是毫无希望的，但是如果我们能利用客户之间的微妙关系，就很可能攻破堡垒，获得谈判的成功。“世事洞明皆学问，人情练达即文章”，我们要在整个谈判过程中对客户之间的人情、关系、心理了如指掌，这样我们才能妥帖地找到适合于客户的谈判方法。

搬出权威的第三方

人们总是倾向于公平、公正的原则，这些原则能够让我们感受到彼此之间是处在同一水平线上。这样，我们会认为彼此正在做的事情是以合理的规则为准则，享受公平合理的对待，既不享有任何特权，也可以不履行任何不公平的义务。这种感知，在谈判中，会让人感觉彼此的利益得到了均衡。瞧，你不欠我，我不欠你，你不吃亏，我也得利！彼此的需求得到了满足，事情最终也得到了解决。

当冲突产生的时候，意味着这种平衡被打破了，互相都觉得自己就是吃亏上当的那一方，都不想妥协。在这种剑拔弩张的时刻，如果出现了第三方会是怎样的情况呢？

克莱斯勒汽车公司是美国的第三大汽车制造企业。1925年，沃尔特·P.克莱斯勒脱离通用汽车公司，自行创设了这家公司。同年，该公司买下马克斯韦尔汽车公司。1928年，该公司又买下道奇兄弟汽车公司。1936—1949年，该公司曾一度超过福特汽车公司，成为美国第二大汽车公司。但是，20世纪五六十年代之后，该公司开始走下坡路，在之后的日子中鲜有起色，尤其是在1980年几乎破产。

在处于风口浪尖的时候，曾担任过福特汽车公司总裁的李·艾柯卡想力挽狂澜，为了能够维持公司最低限度的生产活动，艾柯卡请求政府给予紧急经济援助，提供贷款担保。但是，这一请求引来了许多反对的声音，因为美国大众认为在经济自由竞争的情况下破产是很正常的事情，不应该得到政府的援助。所以，当时的社会舆论和国会议员更倾向于直接让克莱斯勒公司关门大吉，政府不应该干预私企的经营。但是，艾柯卡用了一个很有巧妙的方法改变了大众的观念，并最终挽救了克莱斯勒公司。下面是国会听证会上的对话：

参议员、银行业务委员会主席威廉·普洛斯迈质问艾柯卡："假如保证贷款案得以通过的话，那么政府对克莱斯勒将介入更深，这对你长久以来鼓吹得非常动听的主张（指自由竞争）来说，不是自相矛盾了吗？”

“你说得一点也没错，”艾柯卡回答说，“我一辈子都拥护自由企业，这一点是不变的，其实，我个人是不想来这里的，但是，我们公司现在的情况的确是非常糟糕，只有取得联邦政府的某种保证贷款，这家公司才能够获救。”艾柯卡稍稍停了一下说，“我这不是在撒谎，其实在座的各位参议员先生都比我明白，克莱斯勒公司的贷款请求案并不是首开先例。实际上，你们的账册上目前已有4190亿美元的保证贷款额，所以务必请你们通融一下，不要到此为止。”

艾柯卡为了让这些议员认清政府不提供贷款担保的后果，反问对方：“假如克莱斯勒倒闭了，全国的失业率将在一夜之间暴涨0.5个百分点，这对这个国家有什么好处呢？假如克莱斯勒倒闭了，造成数十万民众失业，难道说就不违背自由企业经营的精神了吗？”

艾柯卡还说，如果这个时候克莱斯勒公司倒闭的话，那么外资企业就很可能乘虚而入，尤其是日本汽车厂商，那么，到时候，他们就只有投入日本汽车厂商的麾下，为其服务了。他还引用了财政部的调查材料。这些材料表明，克莱斯勒公司倒闭引发的人员失业，可能会让政府付出29亿美元的保险金和福利金。这个代价是十分昂贵的。艾柯卡对这些议员说：“各位可以自由选择，你们想现在就拿出29亿美元呢？还是把它的一半作为保证贷款，并可在日后全部收回？”艾柯卡让国会议员了解到这次谈判破裂后可能引发的负面后果，并成功得到了16亿美元的贷款。

这个案例和第三方有什么关系呢？我们可以从中看出，本来在这个大众抵触的谈判中，克莱斯勒公司似乎岌岌可危，但是，当艾柯卡拿出官方的权威资料，或者说第三方证据的时候，让对方认识到了谈判成功的重要性。

谈判者应当十分注重谈判中第三方的存在和作用。这里的第三方含义很广，它可以是人（专家）也可以是物（各种权威资源说明），让别人知道我们提出的条件并不是空口无凭，而第三方的权威性也有利于建立良好的信任感。

谈判中抬出权威来说话，就是“权威说服法”。比如，有些推销人员在卖保险的时候，喜欢提到权威人士。他们会说：“你们的总裁也买我们的保险了。”大家会说：“哦，我们的总裁那么精明能干，他都买你们的保险，看来你们的服务和质量真的不错！我可以考虑。”他没有经过判断，就这么做了。这就是利用了权威的第三方的结果。

有的时候，没有比较权威的人可以搬出来，就可以用数字，用统计资料。因为一般人认为数字是不会骗人的，比如，你和客户洽谈产品购买协议的时候，可以说：这家工厂用了我们的机器后，产量增加20%，那个工厂用了我们的计算机后，效率提高了50%。你把这些数字拿给客户看，客户很容易就接受了。有的时候，产品刚刚出现，还没有那么多客户，没有那么多统计数字的时候，还有一种方法，就是用前面的顾客买了自己的产品觉得满意写来的信函。这种做法对新顾客，对一些小的公司也能起一定的影响作用，这就是权威的心理。

第三方的存在可以正面说明，也可以反面说明，简单地说，就是你既可以通过权威第三方表现出你的优势，加大对方和你谈判成功的价值，也可以反面论述，如果对方不能满足你的条件导致谈判破裂，他可能会有哪些损失，等等。这些都是可以灵活运用的。

第十章

瞄准人性弱点，有效说服

“以众敌寡”，逐渐同化

美国人詹姆斯·瑟伯曾写过这么一段文字：

突然，一个人跑了起来。也许是他猛然想起了与情人的约会，现在已经过时很久了。不管他想些什么吧，反正他在大街上跑了起来，向东跑去。另一个人也跑了起来，这可能是个兴致勃勃的报童。第三个人，一个有急事的胖胖的绅士，也小跑起来……10分钟之内，这条大街上所有的人都跑了起来。嘈杂的声音逐渐清晰了，可以听清“大堤”这个词。“决堤了！”这充满恐怖的声音，可能是电车上一位老妇人发出的，或许是一个交警发出的，也可能是一个男孩子发出的。没有人知道是谁发出的，也没有人知道真正发生了什么事。但是那么多人都突然奔逃起来。“向东！”人群喊叫了起来。东边远离大河，东边安全。“向东去！向东去！”人们都喊着……

上文所描述的其实是人们的“从众心理”。在日常生活中，人们的很多行为都受从众心理的影响。

例如，大街上有两个人吵架，本来没有发生什么大事，但围观的人会越来越多，甚至导致交通堵塞。在超市的特价商品区，一大群家庭主妇争先恐后地抢购一些她们未必需要而价格也未必实惠的商品……

为什么会产生从众行为呢？这是因为，群体成员如果发现自己的行为和意见与群体不一致，或与群体中大多数人有分歧时，就会感到有压力，这种压力促使他趋向于与群体保持一致。也只有与众人保持一致，才会有“没有错”的安全感，即使错了，也会因为“大家都这样”而感到安慰。

在谈判中，如果我们可以恰到好处地应用从众心理，可以帮助我们起到同化对方的作用，让对方在寡不敌众的劣势下，不得不妥协，从而达到自己的目的。

利用从众心理可以帮助我们集聚众人、增加人气，也可以在绝大多数人的意见一致时，对个别人起协调作用，使之与集体保持一致，可以概括为：以众敌寡，逐渐同化。例如，与其用说教的方法强迫孩子读书，不如让他和喜欢读书的孩子在一起。虽然刚开始时，他会觉得别扭，不大合群，但久而久之就会被同化，变得喜欢读书。再如，如果想让那些不喜欢发言的职工在会议中开口说话，就可以让一些“引导人”先发言，从众心理会使那些不爱发言的人也不由得采取“同调行动”，变得踊跃发言。

总之，在现实生活中，少数服从多数的原则会对人们形成很大影响，给少数派的人造成很大的压力，使其心理立场发生动摇，最终放弃自己的主张而被别人同化。有时，我们为了获得这样的效果，在谈判时，需要制造一种以众敌寡的压倒式局面和氛围，使对方就范。

点到对方切身利益

自私作为人的天性之一，可以说每个人都有，只是程度强弱不同而已。根据这一点，我们在谈判的时候，想要说服别人，就可以像“打蛇打七寸”那样，通过抓住对方切身利益的得失，直接将其说服。

春风剧场门前有一位年近六旬的老太太摆着一个小摊，卖瓜子、花生之类的小食品。某日，市里要检查卫生，剧场管理员小王要老太太回避一下，说：“老太太，快把摊子挪走，今天这里不许卖东西。”“往天许卖，今天不许卖，世道变了吗？”“世道没有变，检查团要来了。”“检查团来了就不许卖东西？检查团来了还许不许吃饭？”“检查团来了，地不干净要罚款的。”小王加重了语气。“地不干净关我什么事，他肥肉吃多了拉稀屎，能去罚卖肉的款吗？”小王无言以对，悻悻而退。管理自行车的老刘师傅随后走了过来，说道：“老嫂子，你这么一把年纪，没早没晚的，又能挣几个钱呢？检查团来了，真要罚你一笔，你还能打场官司不成？再说，检查团不会天天来，饭可是要天天吃，生意可是要天天做的。”“嗯！姜还是老的辣。好，我走，我走。”老太太边说边笑地把摊子挪走了。

管理员小王之所以劝阻不成反讨没趣，就因为他只是一味地讲抽象的大道理，却没有站在老太太的角度上耐心地帮助她分析利弊。而老刘师傅就懂得这一点，他从老太太的切身利益出发，向她指出了只考虑眼前的小利而不顾长远利益的不良后果，使她真正认识到了自己固执行为的不明智，于是心服口服地接受了规劝。

巴西球王贝利，在很小的时候就显示出了踢球的天赋，并且取得了不俗的成绩。

有一次，贝利参加了一场激烈的足球比赛。赛后，伙伴们都精疲力竭，有几位小球员点上了香烟，说是能解除疲劳。贝利见状，也要了一支。他得意地抽着烟，看着淡淡的烟雾从嘴里喷出来，觉得自己很潇洒、很前卫。不巧的是，这一幕被前来看望他的父亲撞见。晚上，贝利的父亲坐在椅子上问他："你今天抽烟了？"

"抽了。"贝利红着脸，低下了头，准备接受父亲的训斥。

但是，父亲并没有这样做。他从椅子上站起来，在屋子里来回地走了好半天，这才开口说话："孩子，你踢球有几分天赋，如果你勤学苦练，将来或许会有点儿出息。但是，你应该明白，投身于足球运动的前提是具有良好的身体素质，可今天你抽烟了。也许你会说，我只是第一次，我只抽了一根，以后不再抽了。但你应该明白，有了第一次便会有第二次、第三次……每次你都会想：仅仅一根，不会有什么关系的。但天长日久，你会渐渐上瘾，你的身体就会不如从前，而你最喜欢的足球可能因此渐渐地离你远去。"

父亲顿了顿，接着说："作为父亲，我有责任教育你向好的方向努力，也有责任制止你的不良行为。但是，是向好的方向努力，还是向坏的方向滑去，主要还是取决于你自己。"

说到这里，父亲问贝利："你是愿意在烟雾中损坏身体，还是愿意做个有出息的足球运动员呢？你已经懂事了，自己做出选择吧！"

说着，父亲从口袋里掏出一沓钞票，递给贝利，并说道："如果不愿做个有出息的运动员，执意要抽烟的话，这些钱就作为你抽烟的费用吧！"说完，父亲走了出去。

贝利望着父亲远去的背影，仔细回味着父亲那深沉而又恳切的话语，不由得掩面而泣，过了一会儿，他止住了哭，拿起钞票，来到父亲的面前："爸爸，我再也不抽烟了，我一定要做个有出息的运动员！"

从此，贝利训练更加刻苦。后来，他终于成为一代球王。至今，贝利仍旧不抽烟。

父亲对贝利的说服之所以立竿见影，就是因为他抓住了贝利的切身利益，即贝利梦想成为一名优秀的球员，这就需要有好的身体作为保障，而抽烟是在损害他的身体，当然也会像连锁反应一样影响到他的梦想。试想，谁会愿意为了做有害身体的事情而牺牲自己的梦想呢？估计连傻瓜都不会愿意。

一个人最关心的往往是与自己有关的利益，因为人们毕竟生活在一个很现实的社会里，虽不能说得像"人为财死，鸟为食亡"那样夸张，但人要生存，就离不开各种与己有关的利益。所以，当你在谈判中想要劝说对方时，应当告诉他这样做对他有什么好处，不这样做则会带来什么样的不利后果，相信他不会不为所动。

诱导对方只能答"是"

我国著名教育家叶圣陶曾说过："教师之为教，不在全盘授予，而在相机诱导。"其实，在谈判中想要说服他人，诱导同样是关键。

在诸多诱导的方法中，由浅入深，让对方只能答"是"的策略几乎是百发百中。不信，我们一起来看一下已经连续三次被评为某汽车公司"金牌"业务人员的王倩，她是如何成功的。

王倩：“请问你需要多大吨位的？”

顾客：“很难说，大致两吨吧！”

王倩：“有时候多，有时候少，对吗？”

顾客：“是这样。”

王倩：“究竟要哪种型号的卡车，一方面要看你运什么货，一方面要看在什么路上行驶，你说对吗？”

顾客：“对，不过……”

王倩：“假如你在丘陵地区行驶，而且你们那里冬季较长，这时汽车的机器和车身所承受的压力是不是比正常情况下要大些？”

顾客：“是这样的。”

王倩：“你们冬天出车的次数比夏天多吧？”

顾客：“可不是，多多了，夏天生意不行。”

王倩：“有时候货物太多，又在冬天的丘陵地区行驶，汽车是否经常处于超负荷状态呢？”

顾客：“对，那是事实。”

王倩：“从长远的眼光看，是什么因素决定买车型号，是否留有余地？”

顾客：“你的意思是……”

王倩：“从长远的眼光看，是什么因素决定买一辆车值不值呢？”

顾客：“当然要看车的使用寿命。”

王倩：“一辆车总是满负荷，另一辆车从不超载，你觉得哪一辆寿命更长些呢？”

顾客：“当然是马力大、载重多的一辆。”

王倩：“所以，我建议你买一辆载重4吨的卡车可能更划得来。”

顾客表示赞同。

王倩就是在平淡无奇的谈话中，一步步由浅入深地诱导顾客跟着她的思想走，每次都只能答“是”，最后达到成功推销的目的。

关于这一心理策略的奥秘，理解起来并不难。我们每个人都有坚持自己人格尊严的惯性。比如，与他人交流过程中，我们开头用了“不”字，即使后来自己知道这“不”字是用错了，但为了自尊，我们所说的每句话，往往还会将最初的观点——“不”坚持到底。同理，如果一开始我们就用了“是”，结果自然还是坚持赞同。

所以，我们想要在谈判的时候说服别人，要绝对避免对方一开头就说“不”字，而应多诱导对方用“是”字回答。

充分运用“最佳时机法”

培根曾说过：“善于识别与把握时机是极为重要的。在一切大事业上，人在开始做事前要像千眼神那样观察时机，而在进行时要像千手神那样抓住时机。”其实，不只在事业上，在谈判过程中说服他人的时机也非常重要。

人的心理是客观现实在头脑中的反映，外界的刺激会引起人的心理变化，突然的刺激会导致心理波动。这时人们的情绪往往反应强烈，特别是年轻人情感更为动荡、极易冲动，情感有余，而理智不足，情感的潮水会漫过理智的堤坝，使人在激情的驱使下采取事后追悔莫及的过火行为。

说服别人的实质，就是让对方从心理上接受你的观点、思想。如果能抓住对方情绪已经产生强烈波动，即在不正常行为即将发生的时刻予以说服，陈明利害得失，对方就会受到震动，恢复理智，幡然醒悟。而过早进行说服，会被对方认为神经过敏或无中生有；事过境迁，再去说服教育，易被对方看成“事后诸葛亮”，或秋后算账，都不能收到好的效果。

要抓住最佳时机，就要善于在人的思想、情绪容易发生变化或可能出现问题的关口及时进行说服。

一般来说，事情的发展没有达到自己预想时，人们极容易产生思想波动，这也正是进行说服的好时机。再有，个别说服的时机是否恰当，可以通过观察对方的情绪表现进行判断。如果对方心平气和，或者表现出情绪超乎平静的迹象，这往往说明时机较为合适。如果发现对方表现出反感和对立情绪，我们除了应检查谈话方式、方法或自己的观点、态度是否正确，还应考虑谈话的时机是否成熟，如果有问题，应及时中止谈话，以免造成不利的后果。这时，我们应积极观察，耐心等待；或者采取恰当措施，创造有利的时机，使说服一举奏效。

实际上，“最佳时机法”所强调的最佳时机并没有具体标准，也并不限于上面列举中所展示的模式，我们应在具体情况下从说服目的出发，针对对方的思想状态和心理特点，自己揣摩和把握。

只要我们具有敏锐的观察力，准确的预测和果断、灵活的思维能力，我们在谈判过程中进行的说服工作就会像杜甫诗句中“知时节”的“好雨”那样，“当春乃发生”，恰到好处地滋润对方的心田。

例证是最好的说服手段

谈判过程中，总有些虚无缥缈的事情，很难说得明白，而善用生动、众所周知的实例，并从中引出一番能为人所领会和接受的道理，再以此类推，把这番道理运用于需要说明的事物上，将会大大增加可信度和说服力。

哥伦布经过了18年的准备后，成功越过大西洋，发现了新大陆，伟大的壮举引起举国欢腾。哥伦布因为这一划时代的发现，被视为英雄而受到崇敬。

但也有那么一些无视事实、否认真理的小人想使哥伦布难堪。在一次为哥伦布庆功的宴会上，有人跳出来发难："听说你在大西洋的彼岸发现了新大陆，但那有什么了不起？任何人通过航行，都可以像你那样到达大西洋彼岸，并发现新大陆。这是世界上再简单不过的事了，为什么要小题大做呢？"

面对此人的挑衅，哥伦布没有立刻回击，他从容地站起来，从桌上拿起一个鸡蛋，对在场的客人们说："先生们，这是一个普通的鸡蛋，谁能把它立起来呢？"在座的宾客们一个接一个，试图把鸡蛋立起来，但鸡蛋传了一圈，没有人能成功。这时大家都说，这是不可能的。

于是，哥伦布接过鸡蛋，轻轻地在蛋壳上敲出一个小洞，毫不费力地把鸡蛋立了起来，使得全场哗然。哥伦布转身对大家说："这不是世界上最简单的事吗？然而你们却说这是不可能办到的。是的，当人们知道了某件事情该怎么做之后，也许谁都能做到了。"

哥伦布以广博的学识、机敏的思维、简明的实例，迅速建了一个严密的类比推理，明确指出，在一件事情未找到解决的方法前，是一件极度困难的事，但只要有人找到解决的方法，这事就变得再简单不过。

对待不同的人要用不同的方法、态度去应对；遇有争论、挑衅，也该针对事物的本质，用不同的方法加以解决，诸如哥伦布所遇到的这类只会越辩越僵的争端，还不如用个简单却极有说服力的例子，让众人心服口服。

不只是哥伦布，许多营销高手在谈判中也擅长用这一招数说服顾客。

一名中国人带着两位法国朋友去桂林旅游。一到机场，就有一大群人蜂拥而来，其中一名司机大声喊着，“你们住在哪个宾馆？你们从哪儿来？我免费送你们！”免费？法国人觉得不太可信，但又想弄明白这是怎么一回事，便回答说：“我从法国来。”

“法国？我拉过法国的客人。等等！在这儿！你看看！”司机翻开自己的笔记本，然后径直把它放到中国人和两个法国人面前——那页纸上是手写的法文。这是一对法国夫妇对其服务的热情推荐。

“你们要待几天？让我来招呼你们吧，每天只收400元人民币。”司机说道。看到三位游客会意地点了点头，司机完全放松了。他知道，一旦外国游客看了他的笔记本，这笔交易就算搞定了。他的竞争对手们也都熟悉这一点，于是纷纷撤离。

这位司机非常聪明，看到游客里有两名法国人，欲在诸多竞争者面前说服游客相信自己，于是拿出了自己有接待法国人的经历并收获其好评的证据——“一对法国夫妇对其服务的热情推荐”的笔记。相信没有什么比这更具有说服力了。最终，他也因此而成功了。

正所谓“事实胜于雄辩”，在证据确凿的情况下，还有谁会无法被说服呢？

找到孩子的兴趣点

和孩子打过交道的人自然都知道，孩子和成人的思维方式、语言表达是不同的。这样，当我们想要和孩子进行某种谈判的时候，比如，说服他们养成一种好习惯，或者对方做错的时候予以纠正，等等，注定了过程需要更多的耐心和技巧。因为孩子有自己的世界，他们的理解可能和你的截然不同，他们的是非观、价值观还没有完全趋向成人，他们有自己的理念和情绪。当你向他们灌输一个观点的时候，他们可能会反对——“不！不是这样的！”他们也有可能会迷惑——“我不懂，为什么会是这样的呢！”这个时候，就需要你花时间去引导他们。

小汤玛斯朝教室楼下扔了一个空牛奶盒，正巧打在楼下一位学生的身上。一向严肃的校长知道这件事后，把小汤玛斯叫到了办公室，打算好好“教育”他一番。

“你知道吗，你这种行为将引起十分严重的后果！”

“对不起，校长，我错了，以后我不会再这么做了。”

“你要知道，这一次如果不是纸盒的话，你有可能铸成大错！你必须要反省！”

“……知道了。”

“在这件事上，你必须要向对方道歉，你必须要彻底纠正你这个乱扔东西的毛病，要不然，总有一天你会害死你自己的……”之后，是校长没完没了的指责。

终于，小汤玛斯爆发了：“你到底想要怎么样！我已经知道自己错了！你还想怎么样！”

我们可以看到，校长的目的本来是想要劝告，但是，言辞之中只有重复的责备和对严重后果的强调。她无视小汤玛斯已经产生的愧疚感，一味地将自己严厉的作风强加给对方，导致小汤玛斯产生了强烈的反抗情绪。可以说，这个谈判是失败的。而这种因刺激过多、过强或作用时间过久，而引起极不耐烦或逆反心理的现象，被人们称为“超限效应”。

在现实生活中，特别值得注意的是批评上的超限效应。因为，有些教师或家长在批评孩子之后，总觉得意犹未尽，重复批评，接着还会批评……就这样不断地重复同样的批评，使孩子极不耐烦，讨厌至极。为什么这样的批评会导致厌烦心理、逆反心理呢？

第一次挨批评时，孩子的厌烦心理并不太大，但是第二次，往往使厌烦倍增，如果再来个第三次、第四次……那么批评的累加效应就会不断增大，孩子的厌烦心理就会以几何级数增加，说不定会因而演变成反抗心理，甚至达到不可收拾的地步。除非是个乐天派或个性特殊的人，否则，一旦遭到批评，总需要一段时间才能恢复心理平衡。而遭到重复批评的时候，孩子的反抗心理就会高亢起来，会在心里嘀咕：“怎么如此不信任我呢？”这样一来，孩子的心情就无法恢复平衡。可见，教师与家长对于批评不能超度、超量。

为避免超限效应在批评说服中出现，应切记：孩子犯一次错，一般只批评一次。千万不要对孩子的同一件错事，重复同样的批评。如果问题严重一定要再次批评，但也不要像鹦鹉学舌那样，简单的重复，应该换个角度进行批评。这样，孩子也不会觉得同样的错误被“穷追不舍”，厌烦心理、反抗心理就会随之减弱。

同时，与强制孩子做某件事相比，我们发现找到孩子的兴趣点，适当为难一下他们，然后和他们拿相应的条件交换，和他们谈判，能起到很好的效果。一位研究幼儿教育的专家说过，当他的孩子要求买玩具时，他不是马上答应，而是要求孩子给他说几个买玩具的理由，如果合理，他就给孩子买。对孩子而言，买玩具是他的一大兴趣点，那位专家抓住孩子的兴趣点，让孩子说出买玩具的理由，意在培养孩子的思考、表达能力。其实，那位专家也是在和孩子谈判。

我们要明白，和孩子进行谈判，一定要有耐心。所以，你首先要控制好自己的情绪，保持冷静，然后才能够思考出正确的应对孩子的有效策略。这就意味着，你必须要忍耐，忍耐孩子给你吵吵嚷嚷，忍耐孩子的激烈反抗。你必须要在和孩子对话的时候设置一种底线，否则，你就很难有所坚持。

在说服孩子的过程中，你要清楚对方想要的是什么，还有你自己手里都握有什么筹码，你有什么理由，或者说你凭借什么让孩子能够听你的，按照你说的来做。

当孩子因迷惑而不知如何选择的时候，就轮到你出马了。你应该适当地提供几个选择的方案，然后让他选择一个最佳方案，达成协议。你甚至可以为了让孩子能够遵守协议，用书面的形式表现出来，让谈判有理有据。

拒绝得恰到好处，对双方都是解脱

“萝丝，我爱你！”

“亲爱的，如果你照照镜子，你就不会这么说了！”

无论在什么情况下，这句话都是伤人的，对方对你付出了爱意，也期望从你身上获得等价的情感——我爱你，你也爱我吧！

但是，当这种平衡不能成立时——假如爱你的人并不是你的意中人，或者你一点也不喜欢他，你可能会产生困扰甚至反感，这份你并不需要的爱就成了你的精神负担。然而，为了之后长久人际关系的建立，你既要让对方明白你的拒绝，也必须最大限度地减小对对方的伤害。你怎样拒绝成为关键，如果拒绝得恰到好处，对双方都是一种解脱，也可以免去许多麻烦。如果你不讲方式，不能恰到好处地拒绝别人，你就可能犯错误，不但伤害他人，说不定也会危害自己。我们可以来对比一下下面两段对话。

对话A

比利："罗娜，其实，这么久以来，我都觉得你是一个很好的姑娘，你知道的，其实，我对你是有好感的。如果可以的话，我希望能够和你建立一段超越友情的关系。"

罗娜："比利，亲爱的，真的很感谢你今天对我说这一番话。我真的很喜欢和你在一起的感觉——作为朋友，我们有共同的兴趣爱好，我们喜欢去同样的电影院，你知道我爱吃花生酱，我知道你喜欢黑色的领带……但是，比利，我想这种过于熟悉的感觉，让我宁愿和你做好朋友，而不是男女朋友。"

比利："罗娜，你可以先别拒绝我吗？我想让你好好想一想，或许我们可以呢？"

罗娜："比利，我很珍惜和你在一起的感觉，非常珍惜。它让我非常舒服，没有压力。可是，我知道，这不是爱。这种感觉就像我喜欢和我的小侄子查尔斯一起玩，和我的妈妈一起逛街一样，那种……那种生活化的味道。"

比利（自嘲地笑）："是吗？呵呵。"

罗娜："比利，我今天是拒绝了你的爱意，但并不是拒绝了我们的友谊。我知道今天说的话一定会伤害到你，但是，我想让你知道，这并非我愿。我想你明白，每个人都会有自己的另一半，或许今天你认为是我，但是，等你在未来的某个时间再遇到那个正确的人时，你或许会明白，今天只是你生命中的一个插曲。”

比利：“呵呵，罗娜，我不知道你还能这么诗意。”

罗娜：“哦！看来你还不了解我！呵呵。”

比利：“谢谢你，罗娜。”

罗娜：“比利，亲爱的，我们是好朋友，不是吗？”

对话B

比利：“罗娜，其实，这么久以来，我都觉得你是一个很好的姑娘，你知道的，其实，我对你是有好感的。如果可以的话，我希望能够和你建立一段超越友情的关系。”

罗娜：“比利，你别这样，我觉得我们还是做朋友吧！”

比利：“为什么？我觉得我足够了解你，你也说过你很喜欢和我在一起的感觉！”

罗娜：“比利，我是说过。但是，那仅仅是作为朋友。你当时难道没有听出我话里的意思吗？我那个时候就知道你对我的感觉，其实在这期间我已经暗示了你很多回——我们做朋友吧，朋友，仅仅是朋友，难道我表现得还不够明显吗？”

比利：“罗娜，别这样绝情，给我一个机会，或许你会对我有不一样的感觉？”

罗娜：“不会的，比利，我过去对你没有感觉，现在也没有，将来更不会有。我们做朋友不好吗？为什么你非要破坏这份友情呢？”

比利：“可是我不想仅仅只是你的朋友，这太痛苦了！”

罗娜：“可是你现在把话说出来了，除了让我们两个人都痛苦，又有什么意义呢？”

比利：“罗娜……（痛苦地抱住头）”

罗娜：“够了！我不想和你再说什么了！比利，你自己好好想想吧。再见！（叹气，烦恼地走开）”

这两段话，无论从语言技巧还是后期的人际关系建立上来说，第一段都有十分明显的优势，罗娜既拒绝了好友的示爱，又挽回了两人的友谊。而后一段，很明显，两人的关系趋向破裂。

我们来分析一下第一段对话，我们姑且称之为“拒爱谈判”。罗娜在整个过程当中，一直都是处于拒绝的立场，但是她没有将这种态度以恶意的方式表现出来。她一直在肯定比利的好处，其实是在暗示对方——我今天对你的拒绝并不是因为你不够好，而是我们之间的感觉不对；你的好会让你遇到真正的另一半。这是一种积极的心理暗示，同时还有缓和对方消极情绪的功效。罗娜也在对话过程中向比利传递一种信息——“哪怕做不了情人，我们仍然是好朋友，时间会让这一切都变得理所当然。”罗娜站在比利的立场上，让自己的拒绝逐渐顺理成章。

面对这种情况的时候，我们要怎样像罗娜一样处理好整个场面呢？

要直言相告，以免产生误会。你若已有意中人，又遇到求爱者，那么就明确地告诉对方，你已有爱人，请他另选别人，而且一定要表明你很爱自己的恋人。同时，切忌向求爱者炫耀自己恋人的优点、长处，以免伤害对方的自尊心。倘若你认为自己年龄尚小，不想考虑个人的恋爱问题，那就讲明情况，好言劝解对方。

对自尊心较强的男性和羞涩心理较重的女性，适合委婉、间接地拒绝。因为有这类心理的人，往往是克服了极大的心理障碍，鼓足勇气才说出自己的感情的，一旦遭到拒绝，很容易受伤害，甚至痛不欲生，或者采取极端的手段，以平衡自己受伤的感情。因此，拒绝他们的求爱，态度一定要真诚，言语也要十分小心。你可以告诉他（她）你的感受，让他（她）明白你只把他（她）当朋友，你希望你们的关系能保持在这一层面上，你不愿意伤害他（她），也不会对别人说出你们的秘密。

“我觉得我们的性格差异太大，恐怕不合适。”

“你是个可爱的女孩，许多人都喜欢你，你一定会找到合适的人。”

“你是个很好的男人，我很尊重你，我们做普通朋友吧！”

“我父母不希望我这么早谈恋爱，我不想伤他们的心。”

如果对方没有直接示爱，只是用言行含蓄地暗示他（她）的感情，那么，你也可以采取同样的办法，用暗含拒绝的语言，用适当的冷淡或疏远来让他（她）明白你的心思。

要记住，拒绝别人时千万不要直接指出或攻击对方的缺点或弱点，因为你觉得是缺点或弱点的东西，某些人也许并不认为是缺点。所以，一定不能以一种“对方不如自己”的优越感来拒绝对方。

说好听话，增加客户好感

推销其实是比较明显的谈判形式之一。客户从你的身上得到产品或者服务，而你从客户的身上获得相应的利润。你想要从客户身上获得相应利润这一点，无论是你还是你的客户都十分清楚，所以，多数被推销者都会因为这种提前认知而产生一种抗拒心理，“你就是想从我身上拿钱，我十分清楚你的目的，所以，你做这一切都是徒劳”。当你的客户持这种心态的时候，你就需要用一些技巧来引导对方，让你的客户觉得，“哦！这人推销的东西的确是我需要的”“这人对我还是有些关心的”。

以上我们已经介绍了一些谈判技巧。比如，挖掘客户的需求，站在对方的立场上思考、说话，等等。下面我们再介绍一种看上去简单、普遍，实则运用起来十分需要技巧的谈判方式。

我们来看看下面这个案例。

伊斯曼曾经在曼彻斯特开办过一所伊斯曼音乐学校。为了纪念他的母亲，还建了一所戏院。当时，纽约高级座椅公司的总裁亚当森想得到这两座建筑里的大笔座椅订货生意。亚当森被领进伊斯曼的办公室时，伊斯曼正伏案处理一堆文件。

过了一会儿，伊斯曼抬起头来，说道："早上好！先生，有事吗？"

亚当森满脸诚意地说："伊斯曼先生，在恭候您时，我一直在欣赏您的办公室，我很羡慕您的办公室，假如我自己能有这样一间办公室，那么即使工作辛劳一点我也不会在乎的。您知道，我从事的业务是房子内部的木建工作，我一生还没有见过比这更漂亮的办公室呢。"

伊斯曼回答说："您提醒我记起了一样差点儿遗忘的东西，这间办公室很漂亮，是吧？刚建好的时候我对它也是极为欣赏。可如今，我每次来这儿时总盘算着许多别的事情，有时甚至一连几个星期都顾不上好好看上这房间一眼。"

亚当森走过去，用手来回抚摸着一块镶板，那神情就如同抚摸一件心爱之物，"这是用英国的栎木做的，对吗？英国栎木的组织和意大利栎木的组织就是有点儿不一样。"

伊斯曼答道："不错，这是从英国进口的栎木，是一位专门同细木工打交道的朋友为我挑选的。"

接下来，伊斯曼带亚当森参观了那间房子的每一个角落，他把自己参与设计并监造的部分一一指给亚当森看。

这时候，他们的谈话已进行了两个小时，亚当森也轻而易举地获得了那两幢楼里的座椅生意。

有时候，推销员的话并不在多，关键是看你的话有没有触到对方心里那根弦，而客户的自尊和优越感就是那根弦。

并不是你想到的每一句话都能够让对方获得愉悦感。在运用“说好听话”这个技巧的时候，你需要考虑一个针对性和度的问题。一个气球再漂亮再鲜艳，吹得太小，也不会好看；吹得太大，则容易爆裂。好听话就如吹气球，应点到为止，适度为佳。过分的赞美会变成阿谀奉承；赞美不够效果又达不到。夸奖或赞美一个人时，稍微夸张一点能更充分地表达自己的赞美之情，别人也会乐意接受。但如果过分夸张，你的赞美就脱离了实际情况，让人感觉到缺乏真诚。因为真诚的赞美往往是比较朴实的、是发自内心的。只有恭维、讨好，是过分夸张和矫揉造作的。

要做到点到为止、褒扬有度是有技巧的。

1. 比较性的赞美

两个人或两件事做比较，在夸奖对方的同时，让他意识到自己的优点和存在的差距，使对方对你的赞美深信不疑。可以多用“比较级”，千万慎用“最高级”。

2. 根据对方的优缺点提出自己的希望

指出对方的缺点和不足，并提出一定的希望，不仅不会损害你赞美的力度，而且会使你的赞美显得真诚、实在，易于被人接受。

我们必须要明白，说好听话不是我们的最终目的，而是一种手段，引导别人注意我们的谈话重点，同时增加客户对我们的好感才是最终目的。